Оглавление

Предисловие.. 1
Как всё начиналось.. 4
Про норму, особенности, нейроразнообразие и модели их понимания 8
Концепции одаренности.................................... 15
Про IQ тесты..25
Зачем тестировать?.. 35
Диагнозы, диагнозы, диагнозы........................... 42
Компромиссы со школой и не только................... 49
Поиски вариантов.. 57
Готовы к погружению в новую образовательную среду? 63
Домашнее обучение по-калифорнийски................68
Расшколивание..75
Astro C10 81
Первый раз в колледжский класс....................... 88
Учебные сложности... 95
Менторство... 102
Интероцепция.. 109
Чувствительность и повышенная возбудимость..... 115
Общение, социализация и проблема двойной эмпатии... 120
Как мы пережили пандемию.............................. 128
Сложности подросткового возраста.................... 136
Продолжение эпопеи....................................... 143
Нестандартная школа...................................... 149

Свет в конце тоннеля.. 155
Высшая школа когнитивного разнообразия в образовании «Бриджес»... 162
Пять условий, не подлежащих обсуждению.................. 170
Творческая натура.. 177
Двуязычие... 183
Одарённые девочки.. 189
Опять тесты...196
Опять ни с чем...203
Дислексия..209
Кто виноват и что делать?..216
Про ярлыки, СДВГ и многое другое.............................226
Самопознание и не только..234
И напоследок...241

Благодарности.. 246
Об авторе... 248
Рецензии.. 250

Все права защищены. 2025.

Ни одна часть этой книги не может быть воспроизведена или распространена в любой форме без письменного разрешения автора. Автор не несёт ответственности за содержание и актуальность ссылок на сторонние интернет-ресурсы, упомянутые в книге. Некоторые ссылки в книге являются партнёрскими. Это значит, что автор может получить небольшую комиссию, если вы сделаете покупку по ним. Это не влияет на стоимость для вас.

ISBN 978-1-0698286-3-7 (paperback)
ISBN 978-1-0698286-0-6 (ebook)

Издание первое.
Автор: Екатерина О'Нил
Дизайн обложки и иллюстрации: Юлия О'Нил
Фото, если не указан источник: Екатерина О'Нил
Редактор: Елена Ципенюк
Верстка книги: Анна Соловьева

Дорогой читатель!

В книге встречаются источники, книги, видео, статьи — всё это собрано в одном месте. Отсканируйте QR-код, чтобы перейти к полному списку ссылок.

Предисловие

Пару лет назад я прочитала книгу Марии Дубовой «Мама, ау. Как ребенок с аутизмом научил нас быть счастливыми»[1] и в очередной раз загорелась желанием писать **свою** книгу про **своих** детей. Ну, книга – это, может быть, звучит слишком громко и амбициозно, но не обессудьте. Я уже давно думала это сделать, но, во-первых, руки не доходили, а во-вторых, пыталась понять, нужно ли: что такого я смогу написать, чего не знают те, кто столкнулся с подобными проблемами? Прочтение книги Марии открыло для меня сразу три цели, три причины, в связи с которыми такая книга должна быть написана. Да, я знаю многих, кто гораздо опытнее меня и мог бы поделиться своей мудростью, но они этого не сделали. Так почему же не попытаться это сделать мне? Такая книга будет нужна тем, кто только вступает на этот путь и не знает, чего ожидать, как пережить и что делать. Но эта же книга будет полезна и тем, кто не имеет никакого отношения к тому, что я собираюсь в ней

---

[1] https://www.labirint.ru/books/774663/

обсуждать – так же, как и «Мама ау.« поможет людям, никак не связанным с аутизмом, приблизиться к его пониманию и принятию. Ну, и наконец, моя книга, я надеюсь, послужит мне самой в качестве терапии – поможет мне вновь пережить то, через что мы прошли за последние 16 лет и, возможно, подготовиться к тому, что ждёт нас впереди.

Так о чём же, в конце концов, эта книга? Начнём с того, что живу я в Калифорнии, куда переехала с родителями из Украины в 1996 году, когда мне было 16 лет. Мой муж американец. В нашей семье двое детей: старшему в этом году исполнилось 16, младшей – 13.

Оба, с одной стороны, обладают глубокой одаренностью, а с другой – двойной исключительностью. Если кратко, то при очень высоком коэффициенте интеллекта (исключительность номер один), у сына расстройство аутистического спектра, а у дочери – скрытая дислексия (исключительность номер два). Есть много книг, по крайней мере на английском языке, об одаренности. Есть книги и про двойную исключительность. Но таких книг на русском языке я не нашла. Да и про глубокую одарённость книг немного.

Я не являюсь ни психологом, ни учителем, ни писателем, ни журналистом – я просто мать своих детей (хотя пока я собиралась выкладывать этот материал в публичное пространство, я поступила в аспирантуру[2] и теперь официально изучаю проблемы когнитивного разнообразия в образовании) и хочу рассказать нашу историю, перемежая ее с фактами и информацией из последних исследований в этом направлении. Как сказал мне один из специалистов по дислексии, когда я жаловалась ему на то, что опыт, приобретённый с сыном, нам абсолютно ничем не помогает с дочерью, пора писать книгу – это судьба.

---

[2] https://bgs.edu/

Как всё начиналось

С чего же всё началось? Наверное, для нас всё завертелось с первого класса. Конечно, теперь, оглядываясь назад, понятно, что всё началось гораздо раньше, но мы этого не понимали. У нас просто родился и рос сын, который много чего знал, говорил на двух языках, мог долго сосредотачиваться на чем-то, что ему нравилось. А с другой стороны, всегда очень плохо засыпал, долго не мог научиться прыгать, страдал запорами и какой-то непонятной аллергией, которая приводила к жидкости в ушах и даже, в какой-то момент, частичной потери слуха, был и продолжает быть очень привередлив в еде. И в садике в какой-то момент появились проблемы – сын просто не хотел делать то, что ему велели. И в подготовительном классе на первой же встрече с учительницей нам сказали, что ему сложно переключаться с одного занятие на другое. Но у нас как-то не возникало мыслей, что это всё что-то значит. Мы принимали это как должное и само собой разумеющееся, пока не грянул тот самый первый класс. Всё пошло кувырком с первого же дня, когда сын подошел к своей новой учительнице, которая стояла на пороге новой классной комнаты, и попытался её обнять, а она этого не одобрила.

Учительница оказалась строгой, холодной и требовательной. Как-то внезапно нам стали почти ежедневно приходить от нее послания по поводу того, что сын чего-то не сделал в классе, спрятался за зданием школы и не пошёл на физкультуру, пел посреди урока, не мог остановиться читать книгу, лежал на полу вместо того, чтобы заниматься математикой, не хотел работать с партнером и так далее. У меня до сих пор хранятся эти электронные письма.

Мы пытались разговаривать с сыном, наказывать, заставлять ложиться спать раньше, ходили на встречи с учительницей, со скандалами делали скучнейшее домашнее задание. Каждый день кончался слезами. Мы не могли понять, что происходит. Почему наш вроде бы такой смышленый сын не делает то, что ему велели? Мы пытались угодить школе, так как и я, и мой муж учились в обычных государственных школах, и лично у меня не было понятия того, что школа и учителя -- ведь они же профессионалы своего дела и изучали детскую психологию — могут что-то делать неправильно.

Помню, как каждый день после бессонной ночи, проведённой успокаивая сына, проснувшегося из-за очередных кошмаров, я вставала в 6 утра, чтобы приготовить завтрак и собрать перекус и обед в школу, вытаскивала абсолютно сонного сына из кровати, кормила, одевала и умывала его. Потом мы тащились в школу, которая начиналась в 8 утра. Потом я ехала на работу, парковалась и звонила своей маме, которая к этому времени приходила к нам домой нянчить дочку, и мы долго обсуждали последние новости: на что нам опять жаловалась учительница, сколько времени сын потратил вчера на домашнее задание, как долго он находился в истерике и не мог успокоиться, как научиться быть с ним построже и, вообще, что происходит и что с этим делать.

У меня просто опускались руки: я была в таком стрессе, что я не могла концентрироваться на работе, а из-за этого чувствовала себя еще хуже, потому что думала, что получаю деньги ни за что. В один прекрасный момент, у моей мамы прозвучала такая фраза, что «может, у него аутизм«? Я отмахнулась – разве мой сын раскачивается из стороны в сторону, прячет глаза и не разговаривает (тут я заранее прошу прощения у всех, кто так или иначе связан с аутизмом, так как тогда я совершенно не понимала, что это такое)? Нет, он не раскачивается, хотя всегда был очень подвижным. Глаза не прячет, хотя общается в основном только с нами, взрослыми. Прекрасно разговаривает начиная с 6 месяцев на своём языке, с 18 -- чёткими русскими словами, а с 3-ёх лет ещё и по-английски. И мы же знаем, что он не глупый. Но почему же у него такие проблемы в школе?

Наша педиатр только пожимала плечами и говорила, что мы просто слишком много ему позволяем и недостаточно жёстко с ним себя ведём. Учителя говорили, что мы даём ему слишком много сахара, поэтому он перевозбуждается, и не кладём его спать достаточно рано, поэтому он не высыпается. Я честно пыталась следовать их советам, хотя где-то в подсознании, мне казалось, что всё это неправильно, но я не могла найти в себе силы вытащить эту мысль из подсознания наружу.

Про норму, особенности, нейроразнообразие и модели их понимания

В конце концов, я начала шарить по интернету в поисках ответов на наши вопросы. И вскоре каким-то образом наткнулась на вот эту страницу[3]. Вернее, на тот момент она выглядела по-другому, но с тем же содержанием. Да, она на английском, поэтому для тех, кто не знает языка, скажу, что это страничка сайта школы для детей с двойной исключительностью, где представлен список особенностей этого феномена. О, и обратите внимание, что эти особенности описаны с интеллектуальной, физической, эмоциональной и социальной точек зрения, которые в свою очередь соответствуют пяти формам повышенной психической возбудимости – интеллектуальной, психомоторной, эмоциональной, чувственной и повышенной возбудимости воображения, – исследованным и описанным психологами

---

[3] https://www.bigmindsunschool.org/what-is-2e

Домбровским и Пеховским в 60-ые и 70-ые годы. К этой теме мы еще вернемся, но чуть позже.

Когда я нашла эту страницу, у меня был просто шок, потому что 90% из перечисленного, несмотря на то, как не связано друг с другом оно казалось, подходило к описанию нашего сына: и проблемы со сном, и привередливость в еде, и аллергия, и предпочтение общаться со взрослыми, и начитанность, и большой словарный запас в обоих языках, и не следование правилам и... Короче, список можно продолжать долго. Вот тут я начала потихоньку изучать, что же это за зверь такой, двойная исключительность.

Оказывается, есть такие люди, которые одновременно одарённые и с особенностями, как сейчас принято говорить. Начнем с особенностей, так как, мне кажется, это понятие ближе большинству обычных, или опять же как теперь говорят, нейротипичных, людей. В основном, все представляют себе, что такое физическая инвалидность или особенность. Например, слепота, глухота, ампутированная рука или нога – то есть, физические особенности человека, которые сразу бросаются в глаза. Но есть ещё другие виды инвалидности или особенностей, которые не сразу очевидны, хотя так же, как и физические, затрудняют человеку жизнь в нашем обществе. Например, депрессия, тревожность, дислексия, аутизм, нарушения слухового и зрительного восприятия, синдром дефицита внимания и гиперактивности (СДВГ) и многие другие.

Почему я так напираю на использование слова *особенность* вместо слова *инвалидность*? До недавнего момента любая инвалидность рассматривалась с точки зрения медицинской модели понимания и считалась отклонением от нормы – патологией, от которой следует избавляться. К сожалению, названия разных типов инвалидности до сих пор включают в себя такие слова, как *расстройство* и *нарушение*, которые намекают на ту же точку зрения. Поэтому основная задача психологов, дефектологов, учителей и прочих специалистов состояла (да, и до сих пор, увы, продолжает во многом состоять) в коррекции и избавлении от отклонений от нормы.

Однако, что, вообще-то, такое норма?

Джонатан Муни – писатель-дислексик – интересно рассуждает про концепцию нормы в одной[4] из своих книг – рекомендую. Даже такие понятия, как статистическая, функциональная (физиологическая), индивидуальная и нормативная нормы различны. Статистическая норма определяет место индивида в популяции по отношению к статистическому среднему. Функциональная норма определяется по отношению к выполнению или невыполнению функции какой-либо системы. Индивидуальная норма – это мера отклонения от статистической и физиологической нормы. А нормативную норму можно рассматривать как систему требований, которые общество предъявляет к психическому и личностному развитию каждого из его членов. Ни один человек не является статистической нормой, так как все мы различны – *средних* людей не существует. Нормативы меняются в зависимости от времени и общества, в котором мы живём. Например, то, что считалось нормой в средние века, не считается нормой в наше время. А если рассматривать разные культуры, то

---

[4] https://www.amazon.com/gp/product/1250190169?tag=katrinaoneil-20

в Японии, например, принято избегать зрительного контакта, в то время как в странах западного мира наоборот. И даже функциональная норма изменяется со временем. Например, Эффект Флинна – статистический феномен, выражающийся в постепенном повышении показателей коэффициента интеллекта (IQ) с течением лет как в отдельных странах, так и в целом по миру – подтверждается не одним исследованием[5]. Одно[6] из таких исследований, собравшее IQ 200 000 человек из 48 разных стран и длившееся более 60 лет, показывает, что глобальный IQ вырос на 20 пунктов с 1950 года.

С недавних пор набирает силу движение за нейроразнообразие, которое выросло из движения за права аутистов. Сам термин приписывается австралийскому социологу Джуди Сингер, которая использовала его в своей дипломной работе. В ней она рассуждает о том, что мозги разных людей, даже однояйцевых близнецов, существенно различаются, поэтому универсального определения нормальных

---

[5] https://www.sciencedirect.com/topics/psychology/flynn-effect
[6] https://www.sciencedirect.com/science/article/pii/S0160289614001718

возможностей человеческого мозга не существует. Большой вклад в продвижение концепции нейроразнообразия также приписывается Джиму Синклеру – активисту движения за права аутистов, – который ещё в 1993 году в своей речи «Не Печальтесь о Нас»[7] говорил об аутизме, как о способе существования, и о невозможности отделить человека от аутизма. В печати термин *нейроразнообразие* впервые появился в статье[8] американского журналиста Харви Блюма, которая вышла 30 сентября 1998 года.

Так вот, возвращаясь к разговору о медицинской модели понимания инвалидности, сама концепция нейроразнообразия как естественных вариаций в работе мозга, а, значит, и взаимодействий человека с окружающим миром, возникла как вызов медицинской модели. Вместо этого она предлагает социальную модель. Ее суть в том, что инвалидность – это проблема не патологии, а существующих в обществе физических и организационных барьеров, то есть инвалидность – это

---

[7] https://www.autreat.com/dont_mourn.html
[8] https://www.theatlantic.com/magazine/archive/1998/09/neurodiversity/305909/

форма социального неравенства. Использование термина *особенность* вместо термина *инвалидность* позволяет хоть немного отдалиться от патологического видения этого феномена.

Упомяну еще одну важную вещь. Многие предпочитают, чтобы их называли особенными людьми, а не людьми с особенностями. Например, *аутист* вместо *человек с аутизмом*. Или *дислексик*, вместо *ребёнок с дислексией*. Почему? Потому что они считают эти особенности частью своего *я* – таким же атрибутом, как рост, цвет волос и размер обуви.

Концепции одаренности

Обещаю, скоро мы вернёмся к повествованию про наши приключения, но пока разберемся с еще одним вопросом: что такое одаренность? Тема необъятная, и про неё можно написать не одну книгу, что, впрочем, уже и было сделано до меня неоднократно. Но попытаюсь вкратце.

Моё отношение к концепции одаренности поменялось уже несколько раз. В моем изначальном представлении одарённость — это какой-то непревзойдённый талант, как у Моцарта. И поэтому я никогда не думала, что мои дети - одаренные. Умные - да. Начитанные - да. Интересные - да. Одарённые - нет. Я даже не представляла себе, что одаренность может быть термином в психологии, с которым связан набор определённых качеств человека, и это понятие, как и понятие аутизма, например, является спектром. Увы, термин этот выбран очень неудачно, так как большинство, включая тогдашнюю меня, относится к нему с предвзятостью. А значит, он приводит к непониманию, обидам, бесконечным сравнениям и таким суждениям, как «все дети одаренные», «раз ваш ребёнок одарённый, вам нечего волноваться», «ваш ребёнок не может быть одарённым, потому что у него одни тройки», «конечно, мой ребёнок одарённый – ведь он отличник, получил первое место по плаванью и на конкурсе скрипачей, а также участвует в общественной работе». Ну, и конечно, бесконечный спор по поводу того, врождённое это свойство или приобретённое.

После того, как оказалось, что наши дети одаренные и, по совету психолога, должны общаться со сверстниками по интеллекту, я стала как-то подсознательно отделять своих детей от нейротипичных, делая акцент на то, что они другие. А вот теперь, когда я стала более углубленно изучать проблему одаренности в аспирантуре, я, можно сказать, вернулась на круги своя и на данный момент считаю, что совершенно неважно, какой ярлык на них навешен. Главное, чтобы их потребности были выявлены и удовлетворены. Хотя, с другой стороны, одно из определений одаренности мне всё-таки близко, потому что, мне кажется, оно хорошо описывает именно моих детей. Об этом немного позже. Но откуда же возникло такое изменение в моем отношении?

Проблема вся в том, что общепринятого определения одаренности не существует ни на глобальном уровне, ни на федеральном, ни на уровне штата. Даже в каждом школьном округе используется своё определение, если оно вообще используется. Например, в нашем округе считалось, что «все дети одаренные, поэтому нам не нужна отдельная программа». Казалось бы, что уж где-где, а в Силиконовой-то Долине должны знать про одарённость! Но нет, из-за сокращений бюджета и того факта, что в Калифорнии наличие программы для одаренных детей не является обязательным (в отличие от других штатов), первым делом в государственных школах отказались как раз от программ для одарённых. Знаю, что в других штатах – например, Колорадо или Миннесоте – положение в государственных школах лучше. Там даже считают одарённость особенностью и вписывают соответствующие потребности ребёнка в индивидуальный план обучения. Но всё равно, в одном округе в одаренную программу попадают 3% лучших учеников, в другом – 5%, а в третьем – 10%. И критерии для определения этих лучших разные. Где-то используются тесты на IQ и все, кто получают выше 130 баллов считаются одаренными, хотя в соседнем округе эта граница может быть 120. В других местах вместо тестов на IQ используются тесты достижений с разными границами отсева. Иногда, чтобы попасть в программу для одарённых, достаточно рекомендации учителя, а иногда смотрят на весь портфолио ученика. То есть, получается, что в одном округе (не говоря уже о штате) ты можешь считаться одаренным, а в другом – нет. Ну, и, конечно, давно доказано, что социально-экономический статус, наличие особенностей и принадлежность к другой культуре сильно влияют как на результаты тестов, так и на отношение учителей к ученикам.

Возвращаясь к определению одаренности, вот как оно звучит на федеральном уровне[9]: «Учащиеся, дети и подростки, демонстрирующие высокие интеллектуальные, творческие, художественные или лидерские способности или же способности в конкретных академических

---
[9] https://www.nagc.org/glossary-of-terms

областях, нуждающиеся в услугах и мероприятиях, обычно не предоставляемых школой, чтобы полностью развить эти способности».

А вот определение, которое используется Национальной Ассоциацией Одарённых Детей[10]: «Одаренные и талантливые учащиеся, которые выполняют - или имеют способность выполнять - работу на более высоком уровне по сравнению с другими детьми того же возраста, опыта и окружения в одной или нескольких областях. Для реализации потенциала им требуется модифицированный образовательный процесс. Одарённые и талантливые ученики:

- Принадлежат ко всем расовым, этническим и культурным группам населения, а также ко всем экономическим слоям.
- Требуют доступа к соответствующим обучающим мероприятиям для реализации своего потенциала.

---

[10] https://cdn.ymaws.com/portal.nagc.org/resource/resmgr/knowledge-center/position-statements/a_definition_of_giftedness_t.pdf

- Могут иметь особенности в обучении и обработки информации, которые требуют специализированного вмешательства и адаптации.
- Нуждаются в определенной поддержке и руководстве необходимых для их социального и эмоционального развития, а также в областях своих талантов.
- Нуждаются в различных услугах в зависимости от меняющихся потребностей.»

Ну, и, наконец, вот пример определения одаренности одним из штатов – в данном случае, Колорадо[11]: «Лица в возрасте от четырех до двадцати одного года, чьи способности или компетентность в способностях, талантах и потенциале для достижения успехов в одной или нескольких областях настолько исключительны, что они нуждаются в специальных условиях для удовлетворения своих образовательных потребностей. Одаренные дети в дальнейшем именуются одаренными студентами. Одаренным детям в возрасте до пяти лет также могут быть предоставлены специальные

---

[11] https://www.cde.state.co.us/gt/about#g

образовательные услуги для детей младшего возраста. К одаренным учащимся относятся одаренные учащиеся с ограниченными возможностями (т.е. с двойной исключительностью) и учащиеся с исключительными способностями или потенциалом из всех социально-экономических, этнических и культурных групп населения. Одаренные учащиеся способны к высокой успеваемости, исключительной производительности или исключительному поведению в обучении благодаря одной из следующих областей одаренности или их сочетанию:

- Общие или специфические интеллектуальные способности.
- Особые академические способности.
- Творческое или продуктивное мышление.
- Лидерские способности.
- Изобразительное искусство, исполнительское искусство, музыкальное или психомоторное.»

Что касается исследователей и экспертов, их мнения по поводу того, что такое одарённость тоже сильно расходятся. Например, Джозеф Рензулли определяет одарённость как взаимосвязь трёх аспектов – трёх колец[12], как он их называет: выдающихся способностей, высокого уровня мотивации и высокого уровня творческих способностей. Если использовать его определение, то получается, что сегодня ты одарённый, так как сегодня у тебя есть мотивация, а завтра, когда мотивации нет – уже нет. Говард Гарднер – автор теории[13] множественного интеллекта – утверждает, что существует несколько типов интеллекта, а, значит, и одарённости: музыкальный, межличностный, внутриличностный, визуально-пространственный, лингвистический, кинестетический, логико-математический, натуралистический, и экзистенциальный. И если визуально-пространственный, лингвистический и логико-математический типы интеллекта ещё как-то можно измерить с помощью тестов, то остальные – никак, а это значит, что одаренность людей с этими неизмеряемыми типами

---

[12] https://renzullilearning.com/en/Menus/7-researchbased-learning-system

[13] https://www.amazon.com/Frames-Mind-Theory-Multiple-Intelligences/dp/0465024335?tag=katrinaoneil-20

интеллекта может остаться не идентифицированной. С другой стороны, Джеймс Борланд считает, что одаренность – это вообще социальный конструкт[14]. Есть ещё много других концепций одаренности, и про них можно почитать подробнее тут[15].

Лично же мне ближе всех определение, предложенное Линдой Сильверман (на лекциях которой я неоднократно была лично) вместе с другими участниками Группы Колумбус[16] в 1991 году, и звучит оно так: «Одаренность – это асинхронное развитие, при котором когнитивные способности в сочетании с повышенной чувствительностью создают внутренние переживания и осознанность, которые качественно отличаются от нормы. Эта асинхронность увеличивается с повышением интеллектуальных способностей. Уникальность одаренных делает их особенно уязвимыми и нуждающимися в изменениях в воспитании, обучении и консультационных услугах, необходимых для их

---

[14] https://www.positivedisintegration.com/Borland1997.pdf

[15] https://www.amazon.com/Conceptions-Giftedness-Talent-Robert-Sternberg/dp/3030568687?tag=katrinaoneil-20

[16] https://educationaladvancement.org/what-is-gifted/

оптимального развития». Интересно, что пока я искала хорошую ссылку на концепцию Линды Сильверман, я наткнулась на статью советского психолога Бориса Михайловича Теплова[17], который определял одаренность «как то качественно своеобразное сочетание способностей, от которых зависит возможность достижения большего или меньшего успеха в выполнении той или другой деятельности» и подчеркивал, что «от одаренности зависит не успех в выполнении деятельности, а только возможность достижения этого успеха.» Таким образом, он считал, что одаренность — это всё-таки врожденное, но совершенно не обязательно приводит к грандиозным достижениям и успеху: многое зависит ещё и от умения и возможности создания необходимых условий для ее развития.

---

[17] https://psyjournals.ru/journals/bppe/archive/2012_n4/bppe_2012_n4_Teplov.pdf

Про IQ тесты

Раз уж мы заговорили про одарённость, то нужно поговорить и про то, как её на данный момент измеряют, то есть про IQ тесты. Вообще, история, связанная с IQ тестами, совершенно ужасна и кровожадна. Началось всё с того, что на закате XIX века, когда лидеры европейских стран и Соединённых Штатов сошлись в своем намерении содействовать обязательному всеобщему государственному образованию, встал вопрос о том, как обучать такое разнообразие детей. Учителя и педагоги-психологи требовали создания специальных школ для детей с умственной отсталостью. В октябре 1904 года тогдашний министр народного просвещения Франции Джозеф Шоми постановил создать комиссию для нахождения способа выявления учащихся, нуждающихся в альтернативном обучении. К тому времени создатель первого IQ теста Альфред Бине – французский психолог, интересовавшийся в том числе и проблемами детской и педагогической психологии – уже работал в этом направлении, ведя наблюдения за двумя своими дочерьми.

Узнав о постановлении Джозефа Шоми, Бине вместе со своим учеником и соратником Теодором Симоном взялись за работу и через год опубликовали «Шкалу Умственного Развития Бине-Симона» – первый IQ тест.

Этот первый тест измерял повседневные навыки, такие как умение озвучивать различные части человеческого тела и объекты, изображенные на картинке, давать определения предметам и объяснять разницу между ними, а также находить рифму к словам за определённое количество времени. 20-минутный тест состоял из 30 вопросов, задаваемых в порядке возрастания сложности. Вместе с самим тестом Бине и Симон опубликовали ряд предостережений, включая и то, что их тест не измеряет абсолютную величину интеллекта, а также что такие факторы, как происхождение, воспитание, здоровье, усилия ребенка и неестественность ситуации, в которой ребёнок находится во время тестирования, влияют на его результаты. Они настаивали, что сравнение результатов возможно только при сопоставимом происхождении тестируемых. Кроме того, тест Бине-Симона не сводился к выдачи конкретного числа – коэффициента интеллекта – в качестве конечного результата. Однако, их предостережения в конечном итоге были проигнорированы, что привело в ужас и того и другого, но было уже поздно.

Бине и Симон переделывали свой тест ещё несколько раз – сначала в 1908, а потом в 1911 году. Кроме того, они ввели такое понятие, как *умственный возраст*. То есть, если ребенок выполняет задания, которые обычно выполняют 10-летние дети, но терпит неудачу с заданиями, которые по плечу 11-летним детям, то умственный возраст такого ребёнка соответствует 10, не зависимо от того, каков его хронологический возраст.

Несмотря на то, что во Франции IQ тесты так и не стали использовать для отбора учеников в спецшколы, ими заинтересовались в Америке. Первым, кто оценил работу Бине и Симона был Генри Годдард – психолог и директор Школы Подготовки Слабоумных Девочек и Мальчиков «Вайнленд» в Нью-Джерси. Он попробовал использовать тест Бине-Симона в своей школе и признал, что результаты их шкалы совпадают с его собственной оценкой учащихся в школе «Вайнленд». Он тут же перевёл тест Бине-Симона на английский язык и представил результаты своих исследований, проведённых с помощью шкалы Бине-Симона на нескольких научных конференциях. В 1911 году он даже начал тестировать обычных (не умственно отсталых) детей, а в 1917 году предложил использовать переизданный вариант теста для проверки и депортации иммигрантов, прибывающих на Остров Эллис.

Да, Годдард был евгенистом – последователем учения об улучшении человека и его генофонда при помощи искусственного отбора, лидером которого был английский исследователь Фрэнсис Гальтон – двоюродный брат Чарльза Дарвина. И хотя Годдард не выступал за обязательную стерилизацию «нежелательных» социальных групп, он призывал к их сегрегации. Да, и IQ тесты, которые он так усердно продвигал, сыграли тут большую роль. Индиана стала первым штатом, приведшим в исполнение новые законы о принудительной стерилизации в 1907 году. И хотя в нацистской Германии термин *евгеника* не использовался, ряд практик был связан с ней напрямую. К 1964 году около 60,000 человек в Соединенных Штатах были принужденно подвержены стерилизации. А последняя принудительная стерилизации в Америке состоялась, как считается – уму не постижимо (!!!) – в 1981 году в Орегоне.

Одновременно с Годдардом шкалой Бине-Симона заинтересовался еще один американец. Льюис Термен – тоже евгенист – был профессором психологии в Стэнфордском университете. Выступая за институционализацию умственно отсталых и использование IQ теста для их выявления, он, в тоже время, нашёл ещё одно применение этому тесту. Он решил попробовать применить IQ тест для выявления интеллектуально одаренных детей, и в 1916 году опубликовал переделанный тест Бине-Симона, который стал известен, как шкала интеллекта Стэнфорд-Бине. Кроме того что Термен добавил 40 новых заданий, он ещё протестировал 1,000 детей (в отличие от 50-ти в случае Бине и Симона) среднего класса между 4 и 14 годами, что позволило ему получить гораздо более точную информацию об уровне сложности различных заданий.

Опираясь на полученную информацию, ему пришлось перераспределить большинство заданий в другие возрастные категории.

Ещё одно новшество, введенное Терменом, касалось процедуры подсчёта баллов. Именно он стал первым использовать понятие коэффициента интеллекта (IQ) и вычислять его с помощью вот такой формулы:

умственный возраст / хронологический возраст * 100

Таким образом, по формуле Термена, если ребёнок 10-ти лет выполняет задания так же, как и другие дети 10-ти лет, то его IQ равен 100. Если же отношение умственного возраста к хронологическому не один к одному, тогда и начинается самое интересное. Правда, совсем скоро стало ясно, что такой подход достаточно несовершенен, так как получается, что разница между умственными возрастами 10 и 20 такая же, как и между 50 и 60. Но имеет ли это смысл?

С подходом Термена были и другие проблемы, поэтому, в конце концов, он пришёл к выводу, что нужно использовать систему, в которой баллы соответствуют тому, насколько IQ тестируемого отклоняется от среднего балла. Он же стал создателем первой в мире системы классификации IQ.

Шкала Стэнфорд-Бине оставалась главным IQ тестом на протяжении полувека. На данный момент, однако, существует множество разных IQ тестов. Самый распространённый, наверное, всё-таки тест Векслера, существующий уже в пятом издании. Именно Векслер решил, что показателем IQ среднестатистического человека будет 100 баллов, а стандартным отклонением – 15 баллов. Плюс, стало возможным расположить IQ баллы на кривой колокола.

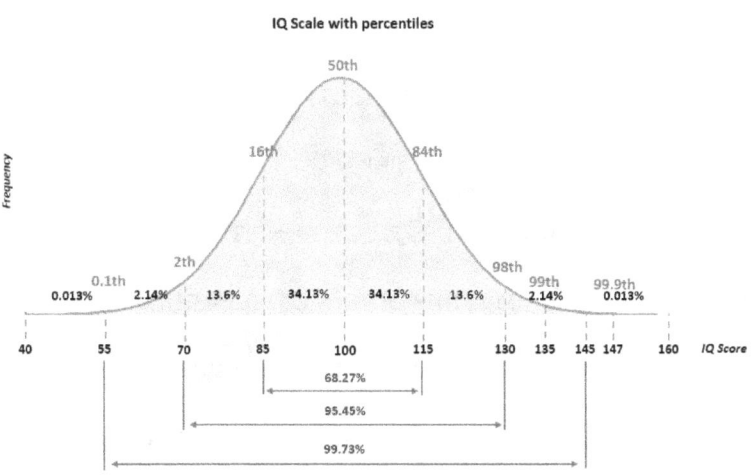

Источник: http://www.gigacalculator.com

У большинства людей (68.27%) коэффициент интеллекта между 85 и 115. У слегка одарённых (этот и последующие – официальные термины), составляющих 13.6% населения, – между 115 и 130, у умеренно одарённых (2.14%) – между 130 и 145, у высоко одаренных (0.013%) – между 145 и 160, а всё, что выше 160 считается глубокой одаренностью. Интересно, что IQ ниже 70 приравнивается к умственной отсталости. Соответственно, важно понять, насколько разными будут одаренности у тех, у кого IQ 130 и 160, учитывая, что между IQ среднестатистического человека и умственно отсталого всё те же 30 очков разницы. А вот если у ребёнка результаты разных частей IQ теста, попадают по разные стороны колоколообразной кривой, то большая вероятность того, что это ребёнок с двойной исключительностью.

    Несовершенство IQ тестов – это ещё одна из очевидных проблем, связанных с одаренностью. Во-первых, большинство тестов направлено на распознавание именно интеллектуальных способностей, а, например, не креативности (хотя существуют и тесты на креативность) или социальной или художественно-спортивной одаренности. Во-вторых, составители тестов тоже несовершенны, поэтому невозможно создать тест с заданиями, к которым всегда имеется только один правильный ответ. В-третьих, так как тесты основаны на сравнении данного результата с результатами сверстников, естественно, многое зависит от того, кто проходил этот тест в прошлом: например, если бы мы не столкнулись с нашей проблемой в школе, нам бы даже в голову не пришло идти сдавать IQ тест. В-четвертых, большинство тестов не может распознать разницу между IQ 145 и 160 просто потому, что не придумали достаточно вопросов, чтобы увидеть эту разницу. Поэтому, на данный момент IQ выше 145 считается глубокой одаренностью. И, наконец, IQ тесты не учитывают родной язык, культуру, происхождение, воспитание, социальный статус и особенности тестируемого. Например, если у ребенка, дислексия, тревожность или синдром дефицита внимания и гиперактивности (СДВГ), то, скорее всего, тест покажет IQ ниже, чем он есть на самом деле. Единственное, что можно точно сказать, так это следующее: IQ ребенка на самом деле может быть выше, чем показал тест, но абсолютно точно не может быть ниже.[18]

---

[18] Для более подробного ознакомления с историей IQ тестов, советую прочитать книгу Скотта Барри Кауфмана. https://www.amazon.com/Ungifted-Intelligence-Scott-Barry-Kaufman/dp/0465066968?tag=katrinaoneil-20

Зачем тестировать?

Итак, это было лирическое отступление про одарённость и особенности, а теперь вернёмся назад к нашей истории. Напомню, что остановились мы на том, что обнаружили список черт двойной исключительности, включающих в себя такие особенности, как (список, естественно, не полный)[19]:

- Ненасытная потребность в информации и обучении
- Способность видеть неясные связи, которые нелегко заметить другим
- Интерес к исследованию самых разных, порой эзотерических тем
- Способность ускорить обучение до высокого уровня знаний
- Большой словарный запас и сложная структура предложений для своего возраста
- Склонность к чрезмерному обдумыванию вопросов

---

[19] Более полный (но, конечно, тоже не полный) список можно найти на английском языке : https://www.bigmindsunschool.org/what-is-2e

- Длительная концентрация внимания при работе в областях, представляющих интерес
- Проблемы с едой и потребность в ритуалах приема пищи
- Проблемы с пищеварением, здоровьем кишечника и аллергией
- Проблемы с сенсорной обработкой
- Трудности со сном и меньшая потребность во сне
- Сильная эмпатия и чувствительность
- Отсутствие интереса к типичным внешним мотиваторам и системам поощрений
- Одиночество
- Яркое воображение
- Чувство идеализма и справедливости в раннем возрасте
- Нетерпеливость к себе и другим
- Самокритичность и перфекционизм
- Необычная настороженность в раннем возрасте

Мы начали понемногу понимать, что, возможно, нашли объяснения поведенческим проблемам сына и решили, что пора поговорить с психологом, который разбирается в проблемах одаренности и двойной исключительности. Нам повезло, и после недолгих поисков мы нашли такого человека и записались на приём. Сначала разговаривали с ней только мы – родители. Потом она уже отдельно разговаривала с сыном, а после опять с нами. И хотя в том, что наш сын одаренный, психолог после этих разговоров не сомневалась, она посоветовала для начала провести тест на IQ. Идея была такая: она будет проводить тест и одновременно наблюдать за сыном. Таким образом, мы, с одной стороны, узнаем насколько он одарённый, а, с другой – получим советы, что делать дальше, учитывая подмеченное в наблюдениях. Кроме того, если какие-то части теста покажут очень высокие результаты, а какие-то – низкие, то будет очевидно, что кроме одаренности у сына присутствуют и какие-то особенности. Ещё одним вариантом было бы проводить не IQ тест, а тест достижений, но психолог решила, что учитывая, в насколько стрессовом состоянии находился на тот момент наш сын, IQ тест подойдет больше, так как во-первых, он меньше похож на обычные школьные тесты, а во-вторых, скорее всего не займет так много времени. Мы решились.

Наверное, кому-то будет любопытно, зачем, в принципе, нужно было сдавать IQ тест и можно ли было к нему подготовиться. На тот момент мы просто отдались на волю психолога.

Впоследствии же я сталкивалась с несколькими вариантами того, что заставляет людей и их детей сдавать IQ тест:

- Родители хотят лучше понять своих детей с точки зрения нейропсихологии, чтобы определить, в чём их сильные стороны, а в чём слабые и, соответственно, подстроить под полученную информацию свои ожидания, образовательный процесс, окружающую среду и прочее.
- Некоторые школы и программы требуют сдачи IQ теста и берут детей только с определенным результатом.
- Родители в детстве были протестированы сами, поэтому хотят подобного для своих детей.

- Ну, и, конечно, есть группа тех, кто хочет со всех углов кричать о том, что его ребёнок одарённый.

Плюс, комбинации из всего перечисленного. Один и тот же IQ тест, в принципе, нельзя сдавать чаще, чем раз в два года – результаты повторного будут считаться недействительными. IQ тесты состоят из разных разделов и проверяют разные способности. Уверена, что к каким-то можно «подготовиться» и несколько улучшить свой результат. Например, есть раздел, который оценивает общее количество информации, которое ребёнок знает. Конечно, если знать вопросы, которые будут задавать во время тестирования, то можно «подготовиться». Но смысл? Ну, то есть, всё зависит от того, к какой из четырех вышеперечисленных групп вы относитесь. Но если вы хотите получить правдивую картину способностей вашего ребёнка, подготовка смысла не имеет. Другие разделы тестируют логику, скорость зрительно-моторной обработки, объём информации, который ребенок может удержать в кратковременной памяти и т.д. Опять же, если у ребёнка есть к чему-то предрасположенность, то, конечно, его можно натренировать, чтобы он показал более лучший результат. Например, есть всевозможные стратегии тренировки запоминания большого количества цифр (скажем, в числе Пи). Но если этой предрасположенности нет, то все эти тренировки не приведут к какому-то намного более лучшему результату. Я, например, вот как не могу запомнить картинки, которые мне показывают друг за другом в течении определённого времени, кроме, может, одной из шести, так и не могу. Хотя, если я буду вслух проговаривать, что я вижу, то результат у меня будет лучше, но на это уходит драгоценное дополнительное время. А вот моя дочь, например, может запомнить гораздо большее количество картинок, которые ей показывают, потому что у неё мозги работают по-другому.

Еще раз подчеркну, что выявление дважды-исключительных детей – процесс нетривиальный, потому как часто их сильные стороны компенсируются слабыми и наоборот, а IQ тест позволяет это обнаружить, когда результаты в одних его разделах очень сильно отличаются от результатов в других. Это и является главной причиной того, что психолог предложила нам протестировать сына. Впоследствии, мы тестировали обоих детей ещё и для того, чтобы попасть в определенные программы, созданные для помощи таким детям.

Диагнозы, диагнозы, диагнозы...

Свой первый тест на IQ наш сын проходил, когда ему только-только исполнилось 7 лет. Сначала, психолог назначила двухчасовую встречу, но после полутора часов стало понятно, что придётся продолжить тестирование в другой раз: нашему сыну было очень сложно усидеть на месте и долго сосредотачиваться, поэтому они вместе с психологом бегали по комнате, танцевали и использовали все мыслимые и немыслимые трюки, чтобы лучше сфокусироваться. Несколько раз сын отвечал, что не знает ответа, хотя я точно знала, что он это знает по-русски – он просто не понял, про что у него спрашивают по-английски. В конце концов, он на все вопросы начал отвечать «не знаю», и стало понятно, что его силы совершенно иссякли. Заканчивали тестирование мы через неделю, но в тот раз они уложились примерно за час. Ну, а дальше нам пришлось ждать обработки результатов и полного доклада психолога. На это ушло еще не меньше месяца.

И вот, наконец, нам пришло долгожданное электронное сообщение с отчетом психолога на 23 страницах! Я помню, что я была на работе, и когда получила сообщение, еще пару часов пыталась трудиться, но тщетно — уже ни про какую работу думать не могла. В конце концов, я сдалась и решила, что ничего важнее на данный момент быть не может, нашла свободную пустую комнату и с неконтролируемой дрожью в руках уселась читать. Как передать, что проносилось у меня в голове, когда я читала, что общий IQ моего ребенка выше, чем у 99% его сверстников, а результаты в каких-то отдельных разделах лучше, чем у 99.9%? Описать чувства, которые я испытывала, крайне сложно. Непередаваемое возбуждение, гордость, недоверие. Если бы отчёт говорил о 86%, я бы не удивилась, но 99.9%? Быть того не может! И в то же время, чувство стыда из-за того, что мы его недооценивали, зашкаливало. В каких-то разделах сын достиг потолка, то есть, получил высший из возможных баллов, что, как потом нам объяснили, говорило о том, что его реальный IQ, скорее всего, выше. Плюс, психолог утверждала, что так как у сына такая огромная разница между результатами в разных разделах, общий IQ, который усредняет результаты всех разделов, теряет смысл. Несмотря на то, что сами цифры на тот момент этого не показывали, она утверждала, что наш сын не просто одарённый, а глубоко одаренный. Дело в том, что он был протестирован тем самым тестом Векслера, про который я писала раньше, но проблема заключалась в том, что пятое издание этого теста только-только вошло в обиход. Поэтому на тот момент было собрано недостаточно данных о тех, кто его сдавал, и, соответственно, тест не давал точных результатов для детей, которые достигли потолка. Нам пришлось ждать ещё несколько лет, пока соберется достаточно данных, чтобы можно было начать отличать результаты детей, достигших потолка, друг от друга. Тогда нам пересчитали IQ, и балл стал ещё выше.

    У меня просто голова пошла кругом: что с этим теперь делать? Но это была всего лишь середина отчёта. Дальше шли подробные описание результатов всех разделов теста и наблюдений. Оказалось, например, что наряду с уже перечисленными высокими баллами в одних разделах, результаты в некоторых других разделах были очень низкие. Например, способности к скорости зрительно-моторной обработки у сына оказались только немного выше среднего (58%), а навыки визуального сканирования и поиска и того ниже (37%). Ну, а в конце отчёта шёл перечень диагнозов — тревожное расстройство, кошмарное расстройство, кинестетическая диспраксия, лёгкая степень расстройства аутистического спектра, нарушение визуальной обработки — и рекомендации по оценке и коррекции — оценка сна, оценка и лечение у развивающего окулиста, трудотерапия, логопедия, психотерапия и прочее. От всего этого голова у меня пошла еще большим кругом. Но, с другой стороны, нам официально подтвердили, что у нас дважды-исключительный сын.

А самое главное, что нам сказала психолог, так это то, что таким детям, как наш сын, в школе не место, и нужно переводить его на домашнее обучение. К такому шокирующему утверждению мы с мужем были совершенно не готовы и поэтому отнеслись скептически. Что значит, нужно уходить из школы? Бред какой-то! Мы не хотим записываться в какую-ту непонятную секту – мы же не хиппи какие-нибудь! (Хочу сразу извиниться и перед хиппи, и перед домашниками, и перед нашим психологом за такие мысли, но мы были все на нервах, да и не знали и не понимали ничего на том этапе.)

Вообще, если быть до конца честной, то вначале я не поверила ни тому, что наш сын какой-то супер-одарённый, ни тому, что у него столько диагнозов. Я думала, что это всё чушь какая-то, и с нас просто хотят содрать побольше денег, посылая на многочисленные проверки и терапии. Теперь я думаю, что это был момент моего вступления в первую стадию «диагностического горя» – отрицание. Я даже потом спрашивала у знакомого русскоговорящего психолога, знает ли она про понятие *двойной исключительности*. А потом ходила за вторым мнением к ещё одному психологу, которая сказала абсолютно то же самое и про глубокую одаренность, и про двойную исключительность, и даже про домашнее обучение.

Естественно, после того, как первый шок от полученных диагнозов прошёл, встал вопрос: что же со всем этим делать? Первым делом, мы решили, что обязаны обсудить результаты отчёта психолога со школой. Мы с самого начала решили, что будет лучше, если мы сначала пройдём тестирование у частного психолога, чтобы получить как можно более объективную оценку ситуации, а уже потом пойдем разговаривать со школой. Вооружившись полученным отчетом, мы отправились в школу. Теперь-то я понимаю, что наивно было думать, что все наши проблемы тут же разрешатся, но на тот момент лично я именно так и думала. Но школа, первым делом, сказала, что она должна провести своё собственное тестирование, потом собрать совет из учителей, специалистов и родителей и тогда уже решать, что делать и как быть. Тестирование с частным психологом проходило в конце февраля и начале марта; отчёт мы получили в конце апреля, то есть, до конца учебного года оставался примерно месяц.

Конечно, за этот месяц так ничего и не произошло, а своё тестирование школа смогла провести уже только в следующем учебном году.

Компромиссы со школой и не только

В течение сентября и октября второго класса мы с мужем, а также главная школьная учительница (заметьте, что к этому моменту она поменялась, так как тут в начальной школе каждый год новый учитель) заполняли всевозможные опросники, а психолог, логопед и трудотерапевт проводили каждый своё тестирование с сыном лично во время учебного дня.

И вот, наконец, школьный отчёт был передан нам, а совет из учителей, специалистов и родителей назначен на конец ноября. Если мне не изменяет память, наш частный психолог тоже смогла провести наблюдения за сыном во время учебного дня и дать несколько советов по поводу того, как лучше устроить его обучение. Школьный отчёт утверждал, что нашему сыну полагаются бесплатные услуги на основании того, что опросники, заполненные учителем, родителями и школьным психологом указывают на то, что у него аутизм. Заметьте, что школа не имеет права диагностировать ребенка, но имеет право решать, причитаются ему эти самые бесплатные государственные услуги или нет. Таким образом, во время совета было решено, что нашему сыну полагается встречаться с логопедом 60 минут в неделю, со школьным помощником 120 минут в неделю, с консультантом по психическому здоровью 30 минут в неделю и с трудотерапевтом по мере необходимости. Кроме того, ему разрешили печатать домашнее задание на компьютере, а не писать от руки, предоставлять больше времени на выполнение тестов и других заданий, больше двигаться во время учебного дня, визуализировать расписание и список действий, необходимых для того, чтобы выполнять задания, а также получать предупреждение заранее перед тем, как происходит смена деятельности. Звучит чудесно, не так ли? Мы тоже сначала так подумали: сразу видно, что школа пытается нам помочь. Но если подумать, все эти услуги и решения были направлены на имеющиеся у нашего сына проблемы, и ни слова не было сказано про то, что же делать с его одаренностью. Когда мы, наконец, про это заикнулись, ответ звучал примерно так: «Ну, вместо сложения двузначных чисел, он может заниматься сложением трёхзначных». Тут мы поняли, что ничего большего в смысле поддержки одаренности не добьемся и постепенно стали переходить во вторую стадию «диагностического горя» – стадию гнева. Нам стало очевидно, что школа нас и нашего сына совсем не понимает. Каждый школьный работник смотрит на него не как на человека, а как на коллекцию проблем и недостатков, и каждый отвечает только за ту проблему, к которой его приставили. Никого не интересовало, что наш сын представляет собой в целом. Никто ни разу не спросил, что ему нравится и в чём он преуспевает. А при обсуждении нижеприведенного сочинения, учительница жаловалась на отсутствие пробелов между словами, неразборчивый почерк и нетрадиционное, как тут говорят, написание слов. Когда же мой муж заметил, что, вообще-то там всё верно написано про устройство ядерного реактора, это не произвело на заседавших никакого впечатления.

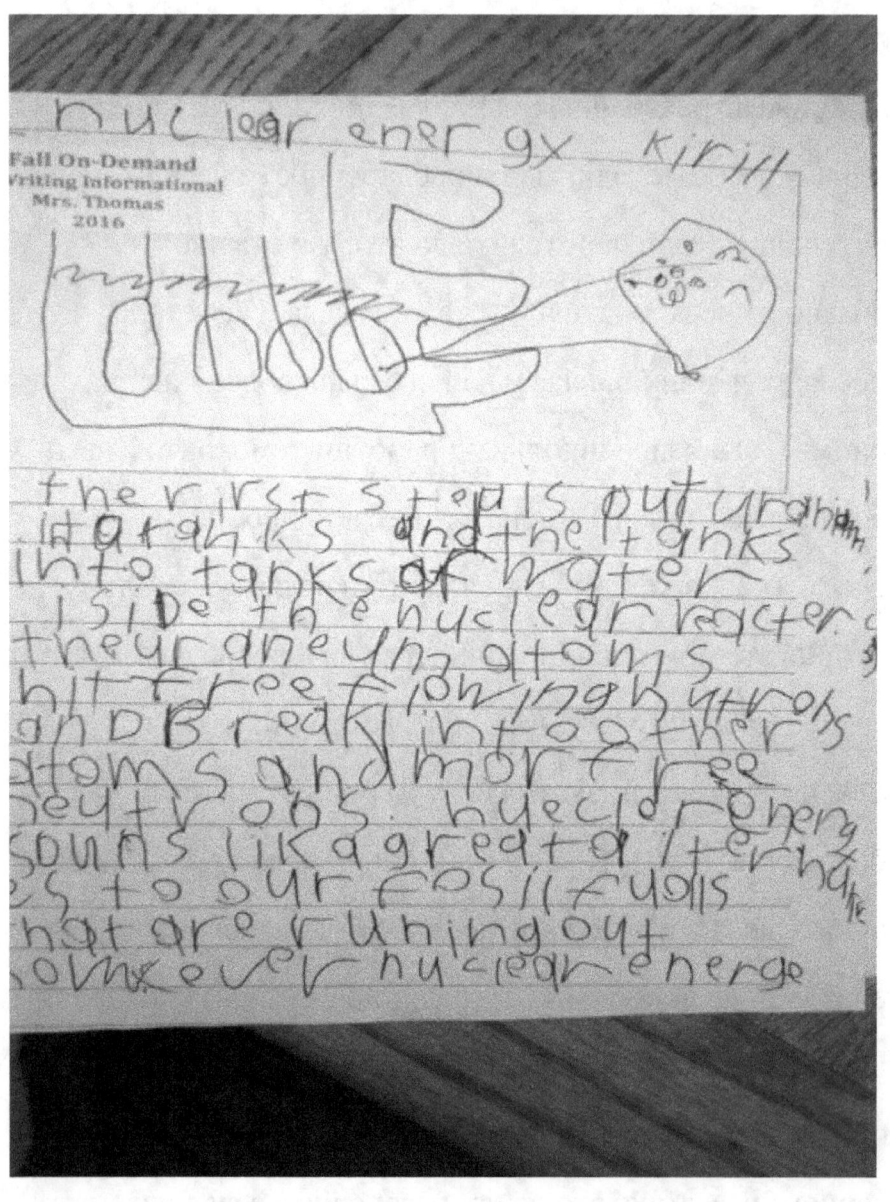

Если кому интересно, то тут написано следующее:

"The first step is put uranium into tanks and the tanks into tanks of water. Inside the nuclear reactor the uranium atoms hit free flowing neutrons and break into other atoms and more free neutrons. Nuclear energy sounds like a great alternative to our fossil fuels that are running out. However, nuclear energy..." Ну, и в моём дословном и несовершенном переводе: «Первый шаг -поместить уран в баки, а баки в баки с водой. Внутри ядерного реактора атомы урана сталкиваются со свободными нейтронами и распадаются на другие атомы и еще больше свободных нейтронов. Ядерная энергия».

К сожалению, это непонимание доминировало и вне школы тоже. Ну, и ладно – в любом случае, думали мы, мы добились победы: ведь предоставленные школой услуги нам тут же помогут, разве нет? А поддерживать одарённость мы можем и дома. На тот момент сын уже года четыре как увлекался астрономией. Всё началось с большого напольного пазла с картинкой Солнечной Системы, которую кто-то ему подарил, когда ему было года три. Очень скоро стало ясно, что он выучил названия и порядок всех планет, собирая и разбирая этот несчастный пазл по несколько раз в день. Потом он стал увлекаться ракетами: построил шаттл из лего для 18+ и, не переставая, смотрел запуск Сатурна 5 – ракеты, которая доставила первых людей на Луну. Мы даже умудрились увидеть этот самый Сатурн 5, выставленный в Центре Кеннеди во Флориде, воочию. Естественно, ко всему прочему, мы облазали все местные и неместные музеи, посвящённые космосу. Костюм космонавта у нас тоже имелся в наличии. Потом сын стал интересоваться Марсом и марсоходами. Стал смотреть видео на Ютубе и слушать подкасты по астрономии. Особенно ему нравилось слушать Владимира Сурдина. А пару месяцев спустя я обнаружила, что в Московском Государственном Университете можно записаться на онлайн курс по астрономии[20], который ведет Владимир Сурдин. Сын заинтересовался, и мы решили попробовать. Оказалось, что свой возраст при записи указывать не нужно, и сын начал слушать лекции курса, хорошо отвечать на тестах и даже писать сочинения! На тот момент он ещё не умел печатать, поэтому он мне диктовал, а я записывала. И оказалось, что ему есть что сказать, в отличие от тем для сочинений, которые предлагала школа. А ещё мы

---

[20] https://openedu.ru/course/msu/BASTRO/

встретили на этом курсе похожего мальчика из Москвы того же возраста и «подружились» виртуально, а с его мамой и сестрой нам даже удалось потом встретиться в Бельгии, когда мы там были в отпуске. А самое потрясающее – это то, что каким-то невообразимым образом сын умудрился сдать устный экзамен, который проводил один из помощников Сурдина по Скайпу, если я правильно помню, и, в конце концов, получил сертификат об отличном прохождении курса с зачислением трех кредитов. Наверное, именно тогда мы стали понимать, что, возможно, та глубокая одарённость, про которую нам говорили психологи и в которую мы не очень верили, имеет-таки место быть.

Ко всему прочему, мы еще прошли обследование у частного трудотерапевта (напомню, что школа сочла этот сервис для нашего сына необязательным), который обнаружил у него кучу проблем, включая, например, сохраненные примитивные рефлексы, сенсорные проблемы, нарушения мелкой и крупной моторики, проблемы с балансом и кучу всего другого. Поэтому мы стали раз в неделю посещать еще и эти занятия. Потом мы прошли обследование в клинике сна, где мне, наконец, разъяснили, что недостаток сна у детей выражается совершенно противоположным образом, нежели у взрослых, то есть гиперактивностью. И сразу стало понятно, почему сын буквально лезет на стены. Но апноэ во сне, к счастью, не обнаружили. Потом мы проверялись у окулиста и наряду с какими-то феноменальными результатами визуального мышления, которые ставили нашего 7-8-летнего сына в один ряд с 18-летними, обнаружили нарушения конвергенции глаз. Несколько месяцев мы делали специальные упражнения, которые в конце концов привели к тому, что сын из дальнозоркого сделался близоруким (хотя, возможно, это было простым совпадением). До проверки слуха мы так и не дошли. Но нам казалось, что вот если мы ещё сделаем это, и пройдём ещё одну терапию, и последуем всем советам психолога, то все проблемы разрешатся. Скорее всего, это был наш переход в третью стадию «диагностического горя» – стадию поиска компромисса.

Поиски вариантов

Наконец, предоставленные школой услуги стали приводиться в исполнение. Сын начал заниматься с логопедом, которая пыталась читать с ним книжку про социального детектива[21], который учится разбираться в социальных ситуациях, происходящих вокруг. Два раза в неделю к нему стала приходить помощница, которая становилась рядом и в течение часа заставляла его следовать указаниям учителя, а, главное, писать. Ну, а раз в неделю по полчаса он встречался с тетенькой, которая действительно пыталась ему помочь исправить психологическое состояние. Первых двух наш сын ненавидел – как может нравиться тот факт, что тебя в течение длительного периода времени заставляют делать то, что у тебя не получается? А вот последняя тётенька ему нравилась. Они с ней играли в игры, лепили, рисовали, что-то обсуждали.

---

[21] https://www.amazon.com/Social-Detective-Explaining-Thinking-Kids/dp/1936943557?tag=katrinaoneil-20

Однако, тревожность всё никуда не девалась, ночные кошмары не развеивались, друзья не появлялись, а истерики по поводу домашнего задания только усугублялись.

К весне второго класса страсти накалились настолько, что стало понятно, что нужно что-то менять. Мы решили рассмотреть возможность перехода в другую школу. Во-первых, встали на лист ожидания в другую государственную школу в нашем округе, у которой, якобы, видение учёбы и преподавания противоположное тому классически-академическому, существовавшему в нашей тогдашней школе. Однако, чтобы нам предоставили там место, должно было произойти настоящие чудо, при котором примерно 60 человек, в данный момент там учащихся, вдруг решили бы передумать и уйти в другую школу.

Плюс, после того, как я сходила на день открытых дверей, я не увидела там ничего такого, чтобы резко отличало её от нашей тогдашней школы.

Тогда мы начали искать частные школы каких-то альтернативных течений. Мы посмотрели на несколько. В одной все сидели за компьютерами или планшетами и, якобы, каждый занимался по своей индивидуальной программе. Но копнув глубже, стало ясно, что эта «индивидуальная» программа всё равно очень ограничена: просто вместо того, чтобы делать то, что делают все, тебе дается выбор делать что-то из списка трёх возможных опций. В другой школе все классы сидели в одном помещении и очень тихо занимались своей работой. Представить, чтобы мой сын тихо сидел весь день и сам учился по учебнику, я не могла.

Дальше мы исследовали школы для одарённых. В одну мы не пошли сразу, так как нам сказали, что если у нашего сына сенсорные проблемы, то эта школа не для него. Впоследствии я узнала, что все классы в той школе тоже проводятся в одном помещении, и возможность уединиться, чтобы тебя оставили в покое, отсутствует полностью. В следующей нам ужасно не понравилось: было такое впечатление, что от нас просто хотят поскорее избавиться. Потом знающие люди нам объяснили, что, в принципе, школы (и именно та в особенности) не любят принимать детей с очень большим разрывом между аспектами их асинхронного развития, особенно когда часть симптомов выражается в поведении. Ведь за ними нужно следить, прикладывать дополнительные усилия, чтобы улучшить для них условия, а, значит, отвлекаться от других учеников. В последней школе мне очень понравилось. Там была интересная и приятная атмосфера, множество ресурсов, уютные классы, разнообразные предметы. Но на мой вопрос, как вы будете поддерживать ученика, который ушёл очень вперёд в точных науках, но сильно отстает в письме, мне сказали, что, скорее всего, нам придется нанять репетитора. То есть, сначала нужно заплатить баснословную цену за посещение самой школы, а потом ещё платить за репетитора???!!!

Нашей последней попыткой было посещение единственной в окру́ге (по крайней мере, на тот момент) школы для дважды-исключительных детей – той самой, на страничку которой с описанием особенностей таких детей я наткнулась в начале своих поисков. Возможно, эта школа и подошла бы нашему сыну. Занятия там начинались с 10-ти утра (а не в 8, как в нашей тогдашней школе), а школьная неделя была всего 4 дня. Детям давалось много свободы, чем и как заниматься. А глава и основатель школы – психолог, у которой двое дважды-исключительных детей. Мы даже проводили у неё несколько консультаций. Однако, школа эта находилась от нас очень далеко (только потом у неё появился филиал немного поближе): даже без пробок на дорогах поездка туда занимала бы полтора часа в один конец. Поэтому пришлось нам и этот вариант отбросить. Тут мы вступили в следующую стадию «диагностического горя» – депрессию.

Короче говоря, после долгих размышлений, лично я поняла, что не вижу своего сына ни в одной из этих школ (за исключением, возможно, последней), где всё равно нужно следовать указаниям учителя и не выбиваться из строя, а этого я не могла представить. Я поняла, что нам нужно нечто, совершенно непохожее на школу. Возможно, домашнее обучение – это как раз то, что нам нужно?

Впоследствии, стало понятно, что дважды-исключительные дети действительно оказываются не у дел. В целом, государственные школы обязаны поддерживать детей с особенностями по закону, в то время, как частные школы перед государством не отвечают и просто могут либо не взять такого ребёнка, либо даже выгнать. С другой стороны, одаренность по закону не считается особенностью (хотя и имеет все основания таковой быть), и с сокращением бюджета государственные школы начали урезать первым делом программы для одарённых детей. Частные же школы могут позволить себе нанимать хороших учителей, вкладывать деньги в улучшение учебной программы, так как это прямо пропорционально престижу школы, и диктовать свои правила насчет того, каких детей к себе принимать. Именно поэтому дважды-исключительные дети не находят полноценной поддержки ни в государственной школе (так как она не поддерживает их одаренность), ни в частной (так как она не поддерживает их особенности). Остаётся домашнее обучение.

Готовы к погружению в новую образовательную среду?

Я прекрасно помню разговор со своим боссом на работе. В определённой степени он был в курсе наших проблем, а поэтому не слишком удивился, когда я пришла и сказала, что собираюсь уходить с работы, так как мы решили перейти на домашнее обучение. Мне с боссом очень повезло. Он всегда относился к моим проблемам с пониманием и после моего заявления об уходе предложил мне нечто неожиданное – годовой отпуск за свой счет с возможностью вернуться на неполную рабочую ставку. Я совершенно этого не ожидала и вообще не знаю никого в нашей айтишной индустрии, кто работал бы на неполную ставку. Естественно, я приняла его предложение. Забегая вперёд, скажу, что этот год без работы мне был жизненно необходим. Он помог мне не только с налаживанием домашнего обучения и отношений с сыном, но и с избавлением от собственного стресса. Плюс, у меня, наконец, появилось время на чтение книг и прогулки на свежем воздухе. За этот год я действительно отдохнула и пришла в себя. К его концу я была готова вернуться к своим рабочим обязанностям в объёме 10 часов в неделю.

Самым интересным и неожиданным для меня стало то, что несмотря на то, что сама я (да, и муж к тому времени уже тоже созрел) стала готова к переходу на домашнее обучение, наш сын еще долгое время говорил, что не хочет уходить из школы. Тогда мне это казалось странным – ведь ему там было скучно, тревожно, одиноко! Правда, мы же сами твердили ему с рождения, что нужно учиться, чтобы поступить в университет, а потом идти на работу, а то «дворником станешь»! И если подумать, школа ведь была единственной возможностью учиться, про которую он знал. А я не могла просто заставить его уйти и всё. Поэтому, мы начали с того, что стали членами нескольких групп домашников. Начали ходить на их мероприятия: игры в парке, пикники, экскурсии. Много разговаривали с родителями, чтобы понять, как они учатся «дома». Искали друзей. Например, мы выяснили, что практически никто не пытается «играть в школу» дома, то есть заставлять своих детей сидеть за столом и слушать лекции родителя по математике, английскому, истории, наукам и прочим предметам. Оказалось, что вообще-то все учатся дома по-разному. Кто-то занимается по книге, кто-то слушает подкасты и смотрит документальные фильмы, кто-то ходит на уроки, которые проводят разные вендоры, кто-то нанимает репетиторов, кто-то посещает занятия в колледже, кто-то организует кружки, а кто-то вообще занимается только тем, чем ребенок хочет заниматься в данный момент. Плюс, после общения с родителями-домашниками у нас прошла боязнь того, а как же и чему мы, собственно, будем учить нашего ребёнка. Мы поняли, что, во-первых, совсем необязательно самому быть учителем – в конце концов, как написала Юлия Турчанинова в своей книге «Сто лет образования», «...учитель, педагог - это человек по профессии ЧЕЛОВЕК»[22]. А во-вторых, в начальной школе ребёнок всего-то должен научиться читать, писать и считать (сложение, вычитание, умножение и деление). Всё остальное можно делать по желанию, так как в средней и старшей школе все предметы начинают

---

[22] https://juliaturchaninova.substack.com/p/117

изучаться с нуля (по крайней мере здесь, в США), так что отстать или пропустить что-либо невозможно, особенно когда дело имеешь с одарённым ребёнком, который, если захочет, может выучить весь школьный курс математики за несколько месяцев. Вернее, пропустить-то можно, но это абсолютно нормально чего-то не знать.

Вот вы, например, всё знаете? Даже если говорить только про школьную программу? Как можно вообще определить, о чём из этого океана знаний «должен» иметь представление школьник, да ещё и в определенном возрасте? Кто это решил и на каком основании? Тут я обычно привожу пример того, что я вообще родилась в другой стране и, например, историю Америки не изучала совсем. И что? Не могу сказать, что я сильно страдаю. Зато я знаю, что делать, если я захочу больше узнать про американскую историю, и не сомневаюсь, что смогу разобраться. Не это ли главное? И кстати про историю, когда я была маленькая, помню, каким странным и несправедливым мне казался тот факт, что людям в будущем придётся учить гораздо больше истории.

С другой стороны, если домашнее обучение не пойдёт, то всегда можно вернуться в школу – государственная школа обязана принимать всех. И хотя найти друзей, будучи на домашнем обучении, оказалось так же сложно, как и при посещении школы, мы с мужем утвердились в том, что решение перейти на домашнее обучение на тот момент было для нас самым правильным.

Домашнее обучение по-калифорнийски

К концу учебного года наш сын был готов попробовать домашнее обучение. Самое сложное оказалось пережить реакцию родственников. Кто-то отнесся к нашему решению неодобрительно, но с сочувствием. А кто-то пытался со злостью и скандалами убедить нас в том, что мы делаем огромную ошибку. Мне было особенно тяжело, так как я всегда пытаюсь искать пути, при которых всем хорошо, а в этом случае это оказалось невозможным.

И вот в середине июля мы официально подали заявление о переходе из государственной школы на домашнее обучение. Тут нужно сделать ещё одно отступление и объяснить, что в Калифорнии существует несколько официальных способов организации домашнего обучения. Во-первых, можно учиться в онлайн школе. Насколько я понимаю, там всё очень похоже на обычную школу, но просто обучение проходит, сидя за компьютером дома, подключаясь к определённым классам в определённое время и выполняя определённые задания. Интересно, что такой формат существовал задолго до пандемии, при которой, как известно, большинство школ было вынуждено перейти в онлайн режим.

Во-вторых, можно прикрепиться к одной из чартерных школ. Это школы, которые помогают родителям с выбором учебного плана, классов, вендоров, а также обеспечивают постоянным куратором, который каждый месяц встречается с семьёй, следит за прогрессом учеников, отвечает на вопросы, помогает и так далее. Так как такие школы зависят от государства и подчиняются законам штата, они, с одной стороны, обязаны проводить ежегодное тестирование учеников (жуткая головная боль для тех детей, которые плохо переносят всякого рода тесты), а с другой – предоставлять все услуги, которые должны предоставлять государственные школы, то есть психолога, трудотерапевта, логопеда и прочих. Ну, а ученики обязаны изучать все предметы, которые требует изучать штат (то есть, английский язык, математику, естественные науки, социальные науки, физкультуру и хотя бы что-то из музыки, изобразительного искусства и иностранных языков). Плюс, так как такие чартерные школы экономят большое количество бюджетных денег на том, что у них нет здания, которое нужно поддерживать в порядке и ремонтировать, а также на канцтоварах и книжках, которые не нужно покупать для учеников, то каждой семье отводится определённая сумма денег, которая может быть потрачена на нужды обучения – например, книги, классы, компьютеры, бумагу и так далее.

В-третьих, можно создать свою собственную частную школу только для своей семьи (или даже только кого-то из своих детей, не обязательно всех). Такой вариант предоставляет семье наибольшую свободу. Родители сами выбирают, чему, когда, зачем и каким образом учить своих детей и не обязаны никак отчитываться перед государством, за исключением предоставления доказательства того, что ребёнок школу не прогуливает. Но, естественно, взамен, такая частная школа не получает никакой помощи от государства или кого бы то ни было.

Есть ещё один промежуточный вариант, при котором определенная организация заполняет за семью все нужные бумаги и, соответственно, выступает в роли частной школы. Семья просто платит этой организации небольшую сумму за каждый год оформления бумаг, а в остальном имеет ту же свободу в обучении, как и при создании собственной частной школы.

Несмотря на то, что чартерные школы не дают столько же свободы, сколько своя собственная частная школа, после некоторого размышления мы решили попробовать именно этот вариант. Почему? Во-первых, возможность использовать бюджетные деньги на обучение выглядела привлекательной, особенно учитывая тот факт, что мне пришлось очень сильно уменьшить свои рабочие часы, а, значит, и зарплату. Во-вторых, бесплатные услуги логопеда и трудотерапии нам тоже были необходимы. Ну, а в-третьих, после первого ознакомительного разговора с нашим будущим куратором, я убедила себя, что это тот вариант, с которого нужно, по крайней мере, начать. Дело в том, что, как оказалось позже, благополучие ученика и всей семьи в такой вот чартерной школе во многом зависит от куратора. Нам очень повезло с нашим: кроме того, что она хорошо и точно выполняла свою работу – не опаздывала на встречи, быстро отвечала на вопросы, действительно интересовалась успехами и неудачами своих учеников и их семей – она еще и пыталась больше узнать про то, что такое одарённые дети (хотя раньше с этим не сталкивалась) и во всём нас поддерживала. Она стала мостом между нашей семьёй и законами Калифорнийского Министерства Образования. Что я всегда ценила в ней больше всего остального, так это то, что она в прямом смысле стала переводчиком того, чем мы занимались с детьми в стандарты, выполнение которых требовали школа и штат. Честно говоря, вначале я думала, что это – обязанность всех кураторов школы, но после разговора с несколькими друзьями, попавшими к другим кураторам, я поняла, как нам повезло!

Если бы мне самой пришлось изучать Калифорнийские стандарты и подгонять наше обучение под них, то уверена, что либо нам быстренько пришлось бы уйти из этой чартерной школы и срочно создавать свою частную, либо, что еще хуже, мы бы просто пришли к выводу, что домашнее обучение не для нас.

Ещё одна вещь, которая мне сильно помогла и с решением уйти из школы, и с выбором того, как же учиться дальше, – это посещение конференции калифорнийских домашников. Там я, воочию увидела, сколько разных людей учится вне традиционной школы, сколько существует разных течений домашнего обучения, послушала и поговорила со многими экспертами и ветеранами домашнего обучения, посмотрела и пообщалась с детьми, которые выбрали путь обучения дома. Именно там я узнала, что, например, есть такое понятие, как *анскулинг*, и поняла, что в какой-то степени – это то, что нам нужно, потому что и раньше часто замечала, что если дать ребёнку свободу делать то, что он хочет, то он с удовольствием делает выбор и глубоко погружается в выбранное, а если пытаться направить его куда-то, то это, в основном, встречается без энтузиазма. Да, и когда я подумала про саму себя, то поняла, что мне же больше хочется делать то, что хочется самой, нежели то, что *надо*. Анскулинг как раз дает такую возможность

– даёт ребёнку самому выбирать то, что ему интересно. Конечно, это не значит, что родитель или другие взрослые совсем ни в чём не участвуют – в конце концов, у ребенка просто нет такого же обширного опыта, как у взрослого, и он просто может не знать, что существует что-то, что его может заинтересовать. Поэтому, задача родителя/взрослого/ментора предлагать и показывать, а задача ребёнка – выбирать и следовать своим интересам.

Конечно, родителю, очень тяжело просто так отпустить ребёнка в свободное плавание, ничего не требовать, не пытаться преподавать определённое количество предметов и донести определенное количество знаний. Процесс работы над собой продолжается всё время – мы и сейчас работаем в этом направлении. Плюс, так как мы решили пойти в чартерную школу, где нужно, по крайней мере, отчитываться по всем предметам, чистым анскулингом мы заниматься не могли. Я очень переживала, как у нас всё пойдёт, но, опять же, благодаря нашему куратору, которая поддерживала нас в нашем желании следовать хоть какому-то анскулингу, мы в некоторой степени им и занимались.

Расшколивание

Первый год мы вообще, в основном, занимались *расшколиванием (или дескулингом)* – ещё один интересный термин, который означает что-то типа «давайте отойдем от школы». Нам нужно было пережить школьную травму, чтобы с новыми силами начать шествовать вперед. Ветераны домашнего обучения рекомендуют потратить на расшколивание столько месяцев, сколько лет ребёнок провёл в школе. Но расшколивание применимо не только к ребёнку, но и к родителю – родителям тоже нужно перестроиться, пережить свои страхи, возможно, в какой-то степени пересмотреть свои ценности и утвердиться в мысли, что то, что они делают для своего ребёнка, это лучшее, что возможно на данный момент.

Как я уже сказала, мы потратили на расшколивание год. Мы гуляли на улице, ходили по музеям, путешествовали (даже ездили смотреть на полное солнечное затмение в Орегон!), пытались завести друзей, играли в настольные игры и «Подземелья и Драконы», много читали художественной и научной литературы как на русском, так и на английском, смотрели документальные фильмы про животных и разные науки, строили графики по математике, проходили несколько курсов по химии в Московском Государственном Университете в дистанционном режиме. Это всё по желанию. Ну, и кое-что без особого желания: учились умножать и делить в столбик и писать прописными буквами (сидя в Старбаксе, пока мама заказывала брауни), учились печатать, ходили на всякие терапии. После прочтения книги или просмотра документального фильма, я составляла небольшой тест с вопросами с несколькими вариантами ответов; сын его без каких-либо проблем проходил (он считал это такой нашей игрой), и мы его сдавали куратору вместе с графиками по математике и прописными буквами по английскому.

  Для физкультуры, когда было тепло на улице, мы занимались плаванием, а в зимние месяцы – ходили на скалолазание в спортзал. Кроме того, мы познакомились с замечательным учителем и просто человеком, который проводил подвижные игры на свежем воздухе для детей на домашнем обучении. Мой совершенно неспортивный сын после первого же занятия привязался к Майку и готов был с ним даже бегать и прыгать по два часа подряд. А когда потом выяснилось, что Майк ещё и отличный мастер по проведению игр «Подземелья и Драконы», наша дружба с ним перешла в новый статус. Имея театральное образование с одной стороны и невероятное чувство юмора с другой, Майк каким-то образом умудрялся завлечь детей разного возраста и в спортивные, и в ролевые игры. Мы до сих пор с ним дружим и встречаемся каждую неделю.

А еще сын начал ходить на регулярные встречи на природе с группой таких же домашников. Раз в неделю человек десять ребят собирались в каком-нибудь парке, ходили на прогулки по несколько миль, играли в подвижные игры, тренировались взаимодействовать друг с другом, изучали окружающую природу (оба моих ребенка знают названия всех местных растений и деревьев именно благодаря этой программе), учились разжигать костёр и строить укрытие из веток, вырезали ножом луки и стрелы и наслаждались природой в целом. Нам эту программу сразу после изначального тестирования рекомендовала наша психолог, но, честно говоря, тогда мне было не совсем понятно, зачем это. Зачем тратить время на какие-то походы и игры с другими детьми, если моему сыну там будет скучно и неинтересно, ведь ему интересна наука? Должна сказать, что в начале нашего пути я совсем не понимала, насколько человеку (в том числе и мне самой) необходимы эмоциональные отдых и поддержка.

Я отбрасывала это как нечто никому не нужное, скучное, а, главное, тратящее драгоценное время. Теперь же я смотрю на очень многое совершенно по-другому. Не знаю, что конкретно изменило мои взгляды на жизнь — домашнее обучение, личное взросление или и то, и другое вместе, — но сейчас я понимаю, насколько это важно иметь эмоциональную опору, как внутри себя, так и снаружи в виде твоего окружения. И как раз природа в этом очень помогает. Ничто другое невозможно без такой опоры: ни продвижение вперёд, ни решение каких-то проблем, ни приобретение навыков, ни преодоление недостатков. Особенно хорошо мне это стало понятно недавно, когда мой сын вступил в подростковый возраст. Но это отдельная тема для отдельной главы.

И вот так, постепенно, прошёл год. Мой сын удивился и заявил, что время пролетело очень быстро, а это явный признак того, что время мы проводили нескучно и с пользой. Потом мы как-то незаметно поняли, – да, и многие знакомые заметили то же самое, – что сын наш как-то успокоился, расцвёл, поверил в себя. Не то, чтобы все проблемы разрешились – их множество, и они продолжаются и по сей день, – но скандалы по поводу домашнего задания ушли в небытие, сон улучшился, а знания и умения увеличились. И я это точно знаю, так как для своего собственного успокоения с самого начала домашнего обучения решила записывать, чем мы занимаемся каждый день. Во-первых, это упрощало отчётность перед школьным куратором, а во-вторых, успокаивало меня саму в том, что мы таки чем-то занимаемся и движемся вперёд.

Кроме того, я сама отдохнула, будучи в отпуске за свой счёт: перечитала кучу книг просто для удовольствия, много времени проводила на воздухе, наслаждаясь солнцем. После многих лет бесконечной гонки, после долгих часов, проведенных на работе в офисе, и непрерывного стресса просто полежать на травке в парке оказалось абсолютным блаженством. К концу того первого года я была готова вернуться на работу на неполную рабочую ставку в размере десяти часов в неделю. Ну, а сын оказался готов к новым подвигам.

Astro C10

Как я уже говорила, когда нашему сыну было около трёх лет, кто-то подарил ему напольный пазл с изображением Солнечной системы. К своему стыду я на тот момент не могла назвать все планеты, тем более по порядку, начиная от Солнца. Однако, в очень скором времени мне пришлось это выучить, чтобы не ударить в грязь лицом перед сыном, который к тому времени знал названия всех планет и их расположение. Тогда же кто-то показал ему видео взлёта ракеты Сатурн V, на которой американские астронавты в семидесятые годы летали на Луну, а также видео симуляции посадки марсоходов Spirit и Opportunity. Вот тут всё и началось. Наш сын стал одержим всем, что было связано с космосом. Его четвертый день рождения был посвящен космосу. Мы показывали детям то самое завораживающее видео старта Сатурна V, а потом дали им оттянуться игрой с огромной картонной ракетой почти с них ростом, раскрашивая и украшая её.

Постепенно наш сын стал интересоваться не только видео полётов, но и подкастами и лекциями астрономов, включая любимого Владимира Сурдина. Он мог часами слушать рассказы про Луну, Марс и исследование других планет и объектов Солнечной системы. В какой-то момент он меня даже заставил заказать ему кучу научных книг, Сурдина в том числе, и сидел их упорно читал. Лет в шесть он нам заявил, что понял, как создать машину времени и увидеть будущее: нужно просто научиться двигаться быстрее скорости света.

Про онлайн курс по астрономии[23] я тоже уже написала. После этого курса я всё пыталась найти сыну что-то ещё подобное и подходящее. В конце концов, я обнаружила курс в местном колледже, посвящённый теории относительности Эйнштейна. В описании говорилось, что это концептуальный курс, не основанный на математике. Это было то, что надо. А главное, его преподавал один из лучших профессоров в округе. Единственной небольшой проблемой было понять, как записать восьмилетнего мальчика на этот курс. Изучив

---

[23] https://openedu.ru/course/msu/BASTRO/

этот вопрос, я выяснила, что его могут туда взять по рекомендации директора школы, поэтому я, естественно, обратилась именно к нему, а, вернее, к ней. Однако, она не согласилась написать рекомендательное письмо, усомнившись в том, что двухчасовые лекции по физике – это то, что нужно нашему сыну, предложив вместо этого походить по местным музеям, которые мы и так к тому время уже облазали все. Тогда я решила написать самому профессору, который со мной очень мило переписывался до тех пор, пока не узнал, сколько нашему сыну лет, после чего просто перестал отвечать на мои послания.

В скором времени мы ушли на домашнее обучение и, кроме всего уже перечисленного выше, подарили сыну на день рождения отличный 10-дюймовый телескоп – самый большой, который можно было уместить в багажнике нашей машины – и начали не только его использовать в своих собственных наблюдениях (наверное, самый интересный объект, который мы наблюдали с помощью нашего телескопа был Туманность Кольцо), но и ходить на всевозможные публичные лекции по физике и астрономии в местных колледжах и университетах.

За что мне нравятся наши нестандартные дети, так это за их любознательность и абсолютную небоязнь дебатировать на интересующие темы с кем-либо – даже с мировыми экспертами в своей сфере. Я продолжаю восхищаться способностью сына задавать вопросы и ставить в тупик взрослых. Именно так он и познакомился с одним из самых знаменитых англоязычных популяризаторов астрономии и астрофизики, профессором Калифорнийского Университета в Беркли Алексом Филиппенко.

Мы просто пришли на очередную публичную лекцию, которую он давал, и сын буквально засыпал его вопросами. Неделю спустя я написала профессору и спросила, не может ли он порекомендовать что-то в области астрофизики для сына, а он в ответ предложил ему посещать свой курс по астрономии в Беркли! Да, оказалось, что есть профессора, которые не боятся приглашать на свои курсы малолетних любителей науки! Конечно, от такого приглашения просто нельзя было отказаться! Правда, я провела несколько бессонных ночей, ужасаясь тому, что мы наделали, приняв это предложение и пытаясь себя успокоить тем, что мы же можем в любой момент уйти. В конце концов, мы решили, что надо сходить хотя бы один раз и посмотреть, что будет. Курс начался в августе, в начале нашего второго года домашнего обучения. На тот момент сыну было девять.

Нужно добавить, что живём мы в Пало-Альто, то есть на другой стороне залива Сан-Франциско, а, значит, до Беркли нам добираться на машине где-то час без пробок. Естественно, если бы сын продолжал ходить в школу, мы просто физически не смогли бы осуществить эту затею, но домашнее обучение давало нам необходимое время и свободу. Три раза в неделю мы ездили в Беркли.

Сына по очереди возили туда то я, то муж, то мой папа — не забудьте, что у нас же есть еще дочь, которая к тому моменту уже ходила в школу, и её нужно было туда отвозить, а потом её оттуда забирать. Хотя лекции начинались в 3 часа, в Беркли мы ехали еще до обеда, чтобы проскочить без пробок. Потом занимали места в кафе рядом с кампусом, делали там ещё какую-то работу (я свою, а сын – свою), потом шли на часовую лекцию, потом на дополнительные профессорские часы, лекции гостей и дискуссии с одноклассниками, которые затягивались до темна. Сын решил делать всё домашнее задание (каждую неделю задавалось примерно 10-15 задач), все лабораторные работы, которые заключались в наблюдениях за Луной, Марсом и так далее, и все тесты. Несмотря на то, что на курсе было около 800 человек, мы договорились, что ему будут проверять его задания и тесты. Работы было очень много! Кроме того, даже ту простецкую алгебру, которая нужна была для решения задач, сын к тому времени ещё не знал, так что пришлось ему между делом объяснять ещё и это. Но зато вы не представляете, насколько возросла его вера в себя и свои возможности за это время! Он понял, зачем нужна математика, и она стала ему нравиться. Он стал лучше писать, потому что на концептуальные вопросы нужно было отвечать словами, а не уравнениями. Он находился в кругу умных людей, которые несмотря на его возраст, считались с его мнением и терпеливо выслушивали его гипотезы. Профессор знал его по имени, так как мы всегда сидели в первом ряду и сын задавал бесконечные вопросы, на которые и профессор, и его помощники отвечали с энтузиазмом и восхищением! Сын, сдав экзамен, закончил курс с отличием. Короче, даже на сегодняшний день, уже семь лет спустя, я считаю этот опыт самым значительным и положительным в его жизни.

А самое смешное произошло пару месяцев спустя. Алекс Филиппенко давал очередную публичную лекцию в колледже, где я когда-то насмотрела концептуальный курс по теории относительности Эйнштейна, и пригласил меня и сына в качестве VIP-гостей. А там он представил нас тому самому профессору, который перестал отвечать на мои послания, и даже упомянул сына в своей лекции!!!

Весь этот опыт и есть прекрасный пример образования, ориентированного на таланты и сильные стороны. Такой тип образования не подразумевает игнорирование недостатков, а скорее использование сильных сторон в качестве отправных точек для решения проблем.

Первый раз в колледжский класс

После такого феноменального успеха в Беркли, естественно, нам всем не хотелось «останавливаться на недостигнутом», как говорит одна наша знакомая. Поэтому, во-первых, мы обсудили возможность посещения других классов в Беркли и с Алексом Филиппенко, и с его помощником. Оба сказали нам одно и то же: учитывая познания нашего сына, следующим классом для него должна была быть астрофизика, а для неё нужно знать высшую математику. Увы, но до высшей математики сыну было ещё очень далеко. Несмотря на все наши усилия и старания, по многочисленным причинам он до неё – до высшей математики – дошёл только в прошлом году, то есть спустя пять лет после Берклеевского класса. И это ещё одна иллюстрация асинхронности, которая раз за разом приводила к одним и тем же трудностям: несмотря на то, что в смысле концептуального понимания материала сын был готов к продвинутым курсам и углублённым предметам, найти опции, которые не требуют глубоких знаний математики оказалось делом довольно безнадежным.

Сначала мы попытались таким же образом попробовать посещать классы в Стэнфордском университете. Алекс Филиппенко даже написал сыну рекомендательное письмо, и один из профессоров в Стэнфорде, предварительно встретившись с сыном лично, согласился принять его на свой курс. Однако, когда дело дошло до начала занятий, оказалось, что на курс записалось так много официальных студентов, что места в аудитории всем не хватало, поэтому профессор попросил нас присоединяться дистанционно. Это было еще за несколько лет до пандемии.

Мы попробовали, но сыну сложно было концентрироваться в таком режиме, так как класс всё-таки был рассчитан на личное присутствие. Поэтому после одной попытки, мы отказались от этой затеи.

Потом мы сходили на один урок курса астрономии в местном колледже посмотреть, что это такое. После пятнадцати минут, сын начал шепотом указывать мне на ошибки в лекции профессора, а потом совсем загрустил и заскучал. Так что мы решили, что это не для нас.

Тогда мы решили попробовать другую стратегию. Во-первых, мы записали сына на очень сильную математику. Естественно, с его согласия. Правда, оглядываясь назад, возможно, это и не было самым правильным решением, потому как сын не особенно любил предмет — он просто был ему нужен для достижения своих целей, то есть продвижения в астрофизике. Поэтому, возможно, лучше было бы найти ему опцию, где он мог бы пройти необходимые темы в своем темпе, не углубляясь во всяческие дополнительные и не растягивая это удовольствие на несколько лет. А еще лучшим решением было бы найти какой-нибудь научный курс или учителя, который преподавал бы математику на примере решения научных проблем.

Во-вторых, мы подумали, что, может, нужно направить усилия на другие науки, пока сын не изучит достаточно математики, чтобы вернуться назад к астрофизике. Правда, и в других науках знания у сына уже тоже были довольно обширными. Поэтому мы серьёзно задумались над официальной регистрацией в одном из местных колледжей. Но как провернуть такое с 10-летним студентом?

Напомню, что к тому времени мы уже были на домашнем обучении несколько лет, хотя всё равно были привязаны к чартерной школе. Поэтому так же, как и раньше, нам нужно было получить разрешение от этой школы на поступление в колледж. Как ни странно, в этот раз у нас не возникло с этим проблем. Учитывая, что результаты школьных и государственных тестов у сына всегда были очень высокие и указывали на то, что он идёт с очень большим опережением, нам без проблем дали разрешение записаться в колледж. Но, в основном, колледжи принимают школьников не раньше девятого класса, а наш сын на тот момент официально был в пятом. Именно для того, чтобы избежать таких проблем, многие домашники создают свои частные школы, а не учатся в чартерных, потому как тогда, родитель, выступающий в роли директора школы, может определить своего ребёнка-ученика в любой класс, не зависимо от возраста. Но сын был в чартерной школе и официально в пятом классе. После некоторых исследований, я нашла колледж, на сайте которого было написано, что они официально принимают детей, учащихся в начальной школе, на определенные курсы. Кроме того, в списке этих курсов присутствовала концептуального физика. Туда мы и решили подавать заявление.

Думаете, всё прошло гладко? Как бы не так. Во-первых, у меня сложилось впечатление, что несмотря на то, что на сайте было расписано, что этот колледж принимает младших школьников, в реальности, они с такими ещё не сталкивались. По крайней мере, когда мы пришли к ним лично со своим заявлением, у них открылся рот, и они нас долго отговаривали записываться, ссылаясь на то, что ведь колледжские оценки остаются в файле ребёнка на всю жизнь. Но мы их заверили, что мы это знаем, и что если что-то пойдёт не так, то мы тут же откажемся от курса.

Во-вторых, когда сына всё-таки туда официально взяли, то первым делом ему нужно было создать онлайн аккаунт, так как все домашние задания и оценки выдаются электронным способом. Когда я попыталась создать аккаунт, то оказалось, что в выпадающем меню отсутствует год рождения сына. Проведя несколько часов на телефоне со службой поддержки, я всё-таки добилась, что они добавили год рождения сына в меню.

В-третьих, таким юным студентам регистрироваться на классы разрешается в самую последнюю очередь, поэтому когда настал тот самый заветный день, оказалось, что все места на курсе концептуальной физики уже заняты. Но мы решили бороться до конца и встали на лист ожидания. В конце концов, в первый день занятий мы пошли в колледж и уговорили профессора взять сына в класс.

Так как теперь всё было официально, мне не разрешили сидеть с сыном в классе. Он не особо от этого страдал – страдала больше я, так как боялась, что он забудет сдать домашнее задание или написать своё имя на тесте. Но тьфу-тьфу-тьфу, всё шло нормально. Мы приезжали в колледж, сын шёл в класс, а я ждала его в студенческом центре и занималась своей работой. Помню, однажды мы шли с парковки на урок, и сын просто светился. Когда я поинтересовалась, чему он так рад, он ответил, что не может дождаться, когда они дойдут до термодинамики! Для меня это было так удивительно: вот человек, который помешан на физике, и для него термодинамика всё равно, что любому другому порция мороженого или сладкой ваты.

Учебные сложности

Следующие два года мы следовали той же тактике, и сыну удалось таким же образом успешно пройти курсы по биологии и химии. По химии он вообще каким-то образом получил A+, хотя тот класс доставил ему много других хлопот. Про них позже. Мы не очень напрягались, и проходили только по одному курсу в год. Нашей задачей было подкармливать информацией мозг сына, что для него является такой же потребностью, как для любого другого вода и пища, и поддерживать и развивать его интерес к науке, а не получать как можно больше колледжских кредитов (то есть, университетских часов, которые отображают академическую нагрузку). Кроме того, наша чартерная школа, хоть и разрешила сыну посещать колледж, школьных кредитов за них ему не давала, так как по калифорнийским законам, школьные кредиты за колледжские курсы можно было получать только начиная с седьмого класса и только по математике и иностранному языку. Единственное, за что школа дала сыну кредиты, так это за химию, так как он проходил её в седьмом классе, и то не как за научный курс, а как за факультативный.

Интересно, когда вот так пишешь или читаешь про сына, то кажется, что никаких проблем нет. Такой умный, интересуется наукой, читает сам на нескольких языках по своему собственному желанию да еще и учится в колледже в таком юном возрасте. Думаю, многие не понимали и не верили, что у сына есть какие-то проблемы. Но сложности были и есть, просто они меняются в зависимости от окружения, возраста, настроения и прочего.

Начнём с того, что в колледже сын проходил только курсы в сфере своих интересов, то есть науки. Ни про какие другие курсы думать было невозможно, потому что всё упиралось в письмо, с которым у сына всегда были проблемы. То есть, ни про какие гуманитарные курсы речь не шла, так как там нужно писать сочинения. Плюс, темы, которые проходят на гуманитарных курсах, часто не подходят малолетним студентам, так как изначально рассчитаны на взрослых.

Еще одна причина (довольно распространенная проблема, связанная с одарёнными детьми), по которой мы решили, что неплохо бы сыну заниматься в колледже, заключается в том, что будучи одаренным, многое ему давалось без каких-либо усилий, поэтому часто такие дети не научаются именно процессу обучения как таковому. То есть, особенно когда они находятся еще в начальных классах, они схватывают концепции на лету и, если ничего не менять, то, в конце концов, считают, что всё и всегда должно им даваться так же легко. Поэтому, когда нагрузка в более старших классах увеличивается, то многие одарённые дети оказываются к этому не готовы, так как просто не привыкли к прикладыванию усилий для достижения целей: например, почитать учебник, а то и не один раз, потратить время, чтобы разобраться, как решать задачу, если с первого раза это не очевидно, проштудировать какие-то понятия, запомнить какие-то формулы и т.д. Многие срываются, потому что начинают думать, что они глупые, а не одарённые. Так что это очень серьезная проблема. И именно поэтому мы хотели, чтобы сын заранее учился учиться, и одним из вариантов было прохождение курсов в колледже. Не уверена, правда, насколько колледж тут помог, потому что ни по биологии, ни по химии, сын так ни разу и не открыл учебник и не потратил больше двадцати минут на подготовку к тестам, но, по крайней мере, ему нужно было делать домашнее задание. На физике одним из еженедельных домашних заданий было писать конспект прочитанных глав, так что тут обойтись без прочтения учебника было невозможно. И, кстати, опыт написания конспекта оказался для сына очень полезным, так как найти ту золотую середину между переписыванием всего учебника и описанием главы одним предложением заняло какое-то количество времени. Ему было действительно сложно определить, что в главе самое важное. Поэтому мы долго тренировались на отдельных параграфах, учились в каждом выделять главное (например, формулу, закон, какую-то концепцию), ну, а потом просто складывали главное из отдельных параграфов в целый конспект.

Чтобы успешно учиться в колледже, сыну пришлось освоить еще и такие штуки, как текстовый редактор, чтобы в электронном виде сдавать домашнее задание, научиться делать слайды для презентаций, делать поиск в веб-браузере для нахождения необходимых ресурсов, писать электронные письма профессорам и сокурсникам и ориентироваться в других приложениях. Причём нужно было уметь это делать быстро, так как во время урока иногда нужно было что-то сдавать. Вообще, ему сложно было делать всё быстро, поэтому на многие задания – особенно лабораторные работы по биологии – уходило очень много времени. Плюс, иногда он мог что-то прослушать или недопонять в организационных вопросах, так как с развитием исполнительных функций у одарённых и дважды-исключительных детей задержка на несколько лет, причем чем выше IQ, тем дольше задержка.

    Вообще, мы сталкивались с такими сложностями, которые порой ставили меня в ступор. Например, когда нам при диагностировании сказали, что у сына могут быть сложности с буквальным трактованием происходящего, сказанного или написанного, мне это было не совсем понятно: ну, неужели, когда скажут, что на улице «льёт как из ведра», он будет представлять себе ведро? Нет, конечно! Но в один прекрасный момент я поняла, что стоит за этим буквальным толкованием, хотя сложности с понимание метафор у него тоже были. Но мы специально объясняли, что каждая данная метафора означает, и, в конце концов, он понял. Теперь же он вообще обожает игру слов, например. А с неожиданным для меня буквальным толкованием мы столкнулись гораздо позже, уже классе в седьмом. Сын сел делать какое-то домашнее задание, где нужно было посмотреть видео и письменно ответить на вопросы к нему. Один из вопросов звучал так: «Что самое важное вы узнали из этого видео?» Сын просидел над этим вопросом часа два, а я, совсем взбесившись, не могла понять, почему он не может, наконец, закончить это простецкое задание. В конце концов, после долгих объяснений – а сыну и это давалось с трудом – я, наконец, поняла, что он не знал, как ответить, так как во-первых, он ничего нового из видео не узнал, а во-вторых, там было несколько одинаково важных – в его понимании – моментов. Вот тут до меня, наконец, дошло, что такое это буквальное толкование.

Что касается колледжских профессоров и сокурсников, в основном, они относились к сыну с пониманием. И профессор по физике, и по биологии ценили его рвение, знания, любознательность и даже юмор и были рады обсудить с ним насущные проблемы. Но вот с химией оказалось всё по-другому. Почему-то профессор сразу невзлюбил сына. Он не ценил его высказываний в классе. Не любил его юмора. Не разрешил ему печатать домашнее задание, а потом снимал баллы, потому что не мог прочитать, что у сына было написано от руки. Однажды перед лабораторной работой я наблюдала, как сын подошел к профессору, чтобы рассказать ему про смешной и увлекательный блог по химии, на который он наткнулся, но профессор просто развернулся и не стал с ним разговаривать. Сын вообще не понял, что произошло: никогда раньше он не сталкивался со взрослыми, которые не хотели его выслушать. Для него это был тяжелый урок, который, возможно, добавил психологических сложностей к надвигающимся сложностям переходного возраста.

Менторство

В какой-то момент мы пришли к выводу, что нашим детям, особенно в тех сферах, где они проявляют свои сильные стороны, нужны не учителя, как таковые, а менторы. Они – дети – сами знают, чего хотят там, где у них получается, но им нужен человек с большим опытом, который может отвечать на вопросы, консультировать и направлять. Искать ментора нашему сыну мы начали очень давно, когда он ещё учился в школе.

Когда стало понятно, что я сама, а часто и другие окружающие его взрослые и дети, не могут ответить на его вопросы по интересующей его астрономии, я занялась поиском ментора. Ещё за несколько лет до Берклеевского курса по астрономии я обнаружила страницу факультета астрономии с перечнем всяких местных ресурсов. В том числе там был указан адрес электронной почты, на который можно было обратиться за помощью. Я решила написать, что ищу дополнительные ресурсы для своего сына, и мне довольно скоро ответил один из членов команды, занимающейся просветительской работой.

Кроме того, он оказался ещё и русскоговорящим. Звали его Александр Чеховской[24]. В то время он был постдоком в Беркли, но потом стал профессором в Северо-Западном университете. Встречались мы с ним всего пару раз, но он был очень открыт к общению, провел сына по всему факультету, показал и рассказал, чем занимается, просто поболтал с ним. Но сын был ещё совсем маленький, и ему было сложно общаться напрямую. Это был наш первый опыт с ментором.

Можно сказать, что Алекс Филиппенко – профессор, читавший курс астрономии в Беркли – тоже, в каком-то смысле, был ментором сына. Но всё-таки они не работали друг с другом один-на-один. Поэтому мы продолжили пассивные поиски. Оказалось, что найти ментора, который с одной стороны обладает нужными знаниями, а с другой имеет опыт и интерес общения с юными, да и к тому же нейроотличными любителями, в нашем случае, науки, не так-то просто.

---

[24] https://physics.northwestern.edu/people/faculty/core-faculty/Alexander-tchekhovskoy.html

И вот однажды, во время пандемии, нам подвернулась еще одна возможность поработать с ментором. Одна моя подруга познакомила меня со своей знакомой, которая в то время училась в Гарварде и создала там организацию, помогающую школьникам во время пандемии с разными предметами. У неё в штате были аспиранты и постдоки Гарварда из разных сфер, которые были готовы встречаться со школьниками и помогать. Мы с ней связались. Она и сама занималась астрономией, но учитывая, что сын интересовался конкретно космологией, посоветовала нам другого постдока, у которого космология была профильным предметом. Звали его Совнак Бозе[25]. С Совнаком сын продолжал заниматься больше трёх лет. Раз в неделю по воскресеньям, они подключались к зуму и в течение часа общались. Мы сразу договорились, что сына не особенно интересовали стандартные уроки, где сначала читается лекция по определённой теме, а потом идёт решение и разбор задач. Не поймите меня неправильно: решение задач – это тоже очень нужный навык, но сыну в то время было нужно

---

[25] https://sownakbose.github.io/

другое. Он просто хотел иметь возможность с кем-то обсуждать глобальные проблемы космологии. И именно этим они с Совнаком и занимались. В целом, они просто обсуждали новости из сферы астрофизики и космологии. От Совнака сын узнал про один из своих любимых Ютуб каналов под названием PBS Space Time[26], который ведёт профессор астрофизики колледжа Лемана Нью-Йоркского Городского университета Мэтт О'Дауд[27]. Часто во время своих встреч они смотрели какое-нибудь из этих видео и обсуждали его. В какой-то момент сын так увлекся, что пересмотрел все видео канала. Да, он и по сей день следит за новыми видео О'Дауда. Ещё Совнак участвовал в нескольких сериях фильма NOVA Universe Revealed[28], который вышел как раз тогда, когда он был ментором сына. Поэтому мы всей семьёй с нетерпением ждали премьеры каждой серии. В конце концов, пандемия закончилась, Совнак стал профессором Даремского университета в Великобритании и, соответственно, уехал из США. Со временем, он становился всё более и более

---

[26] https://www.youtube.com/pbsspacetime
[27] https://www.mattodowd.space/
[28] https://www.pbs.org/wgbh/nova/series/nova-universe-revealed/

занятым, разъезжая по конференциям, занимаясь исследовательской работой и готовя студентов к защите докторских диссертаций. И, наконец, после трёх с половиной лет занятий с сыном был вынужден отказаться от регулярных встреч.

Однако, должна сказать, что наш опыт с разными менторами не всегда оказывался таким же удачным, как вышеперечисленные. В какой-то момент, мы искали подобного ментора по математике. Нам порекомендовали одного, и они стали с сыном заниматься. Я видела, как этот ментор пытался увлечь сына, пробовал разные способы, нащупывал иные подходы, экспериментировал с темами. Короче, как по мне, делал всё, что мог. Но сын оставался невосприимчив ко всем его стараниям. Что-то не шло и не складывалось. И никакой логикой это невозможно было объяснить.

В другой раз, сыну подвернулась возможность поучаствовать в одном из небольших проектов SETI Institute[29]. Один из бывших сотрудников мужа увлекался астрономией и, в конце концов, ушёл работать в SETI. Он

---

[29] https://www.seti.org/

занимался тем, что собирал информацию о различных сигналах, приходящих из космоса, и ему нужен был кто-то, кто стал бы анализировать эти сигналы. Всё программное обеспечение для обработки информации было написано на языке С. К слову, на тот момент сын прошёл только один курс по программированию (почему-то программирование его никогда не увлекало), и то на Яве, а не на С. Когда знакомый мужа пообщался с сыном, он был явно впечатлен его познаниями в астрономии, но, видимо, он не был знаком с понятием асинхронности развития. То есть, учитывая то, на каком уровне сын мог рассуждать об астрономии, могло показаться, что он будет рассуждать на том же уровне и на другие темы. Однако, сын был совершенно не готов к тому, чтобы разбираться в чьем-то непонятном коде, написанном на языке, которого он не знал, причем делать это без особого участия ментора в самом процессе. Это было для него слишком трудно и непонятно, а, значит, неинтересно.

Сколько раз мы сталкивались с подобным непониманием! Причём, и сами зачастую забывали про асинхронность и требовали большего, чем нужно было. Как оказалось, это нереально сложно найти баланс между чем-то недостаточно и слишком сложным, между требованием слишком малого и слишком многого, между подталкиванием на выполнение чего-то вне зоны комфорта и давлением, между стремлением достичь потенциала и принятием того, что есть. В этом, наверное, и заключается главная сложность родительства, в особенности дважды-исключительных детей. Мы находимся в бесконечной пятой стадии «диагностического горя» – стадии принятия. Но принятие – это ещё и освобождение: это процесс разрешения себе не следовать общественным нормам и ожиданиям, и с таким разрешением становится гораздо легче жить.

Интероцепция

Многие дважды-исключительные дети, а аутисты в особенности, имеют сложности с интероцепцией – то есть, пониманием себя и своего организма. Эта особенность имеет своё громкое название – алекситимия. Считается, что источник этих сложностей – сверхчувствительность к сенсорным сигналам, исходящим снаружи, и способность обрабатывать большее количество этих сигналов, в отличие от нейротипичных людей. На обработку сигналов, исходящих изнутри просто не хватает сил и энергии. Наш сын не исключение. С одной стороны, он всегда был чувствителен к громким звукам – закрывал уши ладонями, когда мимо проезжала скорая помощь или пожарная машина. Никогда не любил неудобную одежду: например, он до сих пор не носит джинсы и не любит застежки и ремни. Он очень разборчив в текстуре: ему не нравится дотрагиваться до кашеобразной жижи. Помню, как он первый раз принимал участие в вырезании тыквы на Хэллоуин. Запустив руки внутрь, он их тут же оттуда выдернул и заявил: «Не понравилось!» Обоняние у сына развито очень сильно: он может по запаху определить дополнительный ингредиент в борще, которого не было в прошлый раз, а если запах в квартире очень сильный (либо от чистящих средств, либо от приготовления еды), ретируется в гараж, пытаясь его избежать.

Отношения же сына с пищей вообще крайне сложные. Во-первых, когда он ещё был на грудном вскармливании, мне приходилось придерживаться довольно строгой диеты и не есть молочное, так как начинались проблемы. Перейдя на твердую пищу, он до самого недавнего момента не мог переносить еду с сильным вкусом. Чем более безвкусная она была, тем больше ему нравилась: никаких соусов, никаких приправ и поменьше запахов. Соль и оливковое масло – это всё, что он мог себе позволить в качестве добавок. Ну, и, конечно, текстура тоже должна была быть определённой. Он не ест ни сыр, ни сметану – не переносит ни запах, ни текстуру, – хотя любит йогурт и творог. С мясом тоже непросто из-за текстуры. Не ест пиццу вообще, что, с одной стороны, неплохо, а с другой означает, что кушать на днях рождения одноклассников ему нечего. Он долгое время не ел картошку-фри и сосиски, зато когда всё-таки начал, это стало победой – ведь тогда стали возможны походы в забегаловки, по крайней мере, во время наших путешествий. Помню, как будучи в Париже (!!!), мы питались исключительно в Five Guys, так как там продавали сосиски. Вообще, в какой-то момент, его рацион ограничивался рисом, кускусом, мучным (но не макаронами) и творогом. Зато сын всегда ел супы и овощи: борщ, брокколи, морковка и цветная капуста всегда шли на ура.

Всё перечисленное выше говорит о том, что сын гиперчувствительный, и его сенсорная система пытается найти способы уменьшения нагрузки. С другой стороны, ему явно не хватает каких-то сенсорных ощущений. Например, он обожает спать под тяжелым одеялом и носить неподъемный рюкзак. Он любит бегать от стенки к стенке и натыкаться на них. Когда он был меньше, ему нравился глубокий массаж. Да, и обниматься он не против. То есть, его проприоцептивной системе не хватает сигналов. Кроме того, с переходом в подростковый возраст у него поменялись и предпочтения в еде. То есть, он всё так же не ест пиццу, сметану и сыр, но стал более открыт к пробованию новых видов продуктов. А самое интересно то, что с абсолютно безвкусной еды он вдруг резко перешёл на крайне острую. А, значит, в смысле вкусовых сигналов он из гиперчувствительного превратился в гипочувствительного.

Возвращаясь назад к интероцепции, так как у сына столько энергии тратится на сигналы, исходящие снаружи организма, сил на понимание, что происходит внутри остаётся совсем мало. Поэтому, он не всегда понимает холодно ему или жарко (летом может ходить в кофте, а зимой в футболке с короткими рукавами), голоден он или нет (когда нам советовали не предлагать другую еду, чтобы заставить его пробовать что-то новое, он мог просто не есть целый день), хочет он спать или нет (сон – это вообще отдельная тема), нужно ему в туалет или нет, болит у него что-то или не болит и т.д. В раннем возрасте, например, у него были частые ушные инфекции, а мы и не подозревали, так как он не жаловался на боль в ушах.

Но почему интероцепция так важна? Часто, когда специалисты пытаются помочь аутистам, например с социальными навыками или исполнительными функциями, они начинают с симптомов и пытаются научить, например, что говорить в определённой ситуации. Но чтобы научить аутиста правильно разбираться в социальной ситуации, ему нужно, в первую очередь, уметь осознавать свои потребности, а этот навык очень тесно связан с интероцепцией. Наш последний логопед достиг наибольших успехов с сыном, я считаю, именно потому, что она начала работать с ним над интероцепцией. Я помню, как на одном из первых занятий, она попросила сына оценить уровень своей энергии по шкале от одного до пяти. При этом он буквально прыгал на месте. Его ответ — 2. Они долго работали над этим. Потом много времени посвятили осознанию ощущений в организме, связанных, например, со страхом, стрессом, тревожностью, энтузиазмом. Просто учились облекать в слова разные чувства[30]. Обсуждали, как определить, уставший он или нет, достаточно ли он спал, готов ли он

---

[30] https://apps.apple.com/us/app/how-we-feel/id1562706384

заниматься или ему нужен перекус, тревожит его что-либо, а, значит, отвлекает от принятия новой информации или нет.

Осознание – это первый шаг к решению очень многих проблем. Если ты понимаешь, что ты чувствуешь и что тебе нужно, чтобы улучшить свое состояние, тогда уже можно говорить о более сложных вещах, таких как социальные навыки и исполнительные функции. Плюс, понимая себя, ты можешь донести это до окружающих. А это уже первые шаги на пути к отстаиванию своих интересов.

Чувствительность и повышенная возбудимость

До недавнего времени считалось, что у аутистов отсутствует эмпатия – то есть, способность сострадать другим людям. Кроме того, многие, начиная с Лео Каннера – австрийско-американского психиатра, впервые описавшего детский аутизм, – обвиняли в этом родителей, точнее, матерей, которые, якобы, растили своих детей без любви и заботы. Эта теория, появившаяся в 1943 году, получила название теории «мамы-холодильника».

Теперь времена другие. Тот факт, что аутисты умеют сострадать, больше не оспаривается. Кроме того, аутисты, возможно, ещё более чувствительны, чем нейротипичные люди. Просто они не всегда выражают свои чувства так, как принято социально-общественной нормой. Иногда они просто не знают, как их выразить. И это тесно связано со сложностями с интероцепцией, описанными в предыдущей главе. Плюс, учитывая, что аутизм тесно связан с тревожностью, которая заставляет организм пребывать в бесконечном состоянии «бей, беги, замри» в качестве реакции на любую потенциальную опасность, тут уже не до правильного и общепринятого выражения своих чувств и эмоций.

Сверхчувствительность распространена не только у аутистов, но и у других дважды-исключительных детей. Кроме того, что, как и аутисты, они часто не знают, как выразить свои чувства, эти чувства ощущаются ими гораздо глубже и сильнее, так как их сенсорная система способна обрабатывать большее количество сигналов. Оба моих ребёнка, например, очень разборчивы в книгах, которые они читают, и в фильмах, которые они смотрят. Очень долгое время они не могли смотреть мультики, которые без проблем смотрели нейротипичные дети. Помню, как старший пытался смотреть мультик «Король Лев», зажмурив глаза и закрыв уши, когда на экране показывали давку животных. Он им сильно сопереживал, и ему было их ужасно жалко. Думаю, что тогда ему было лет пять. Младшая кричала на весь кинотеатр, когда мы ходили смотреть «В Поисках Дори», и нам просто пришлось уйти, не досмотрев фильм до конца. В другой раз она также кричала, но уже дома, когда на экране появлялись скелеты умерших из «Тайны Коко». Да, она до сих пор не смотрит фильмы вместе с нами, а уходит к себе в комнату.

Вообще, я заметила, что несмотря на то, что со временем дети начали смотреть больше фильмов, они в основном любят либо мультики, либо фантастику, либо фэнтези. Они не любят смотреть фильмы, которые повествуют о жизни и чувствах людей. И мне кажется, что это тоже симптом их чувствительности. Несмотря на то, что смотреть, как головы орков летают налево и направо во «Властелине Колец» им раз плюнуть, фильмы типа «Общество Мертвых Поэтов» или «Умница Уилл Хантинг» они просто боятся смотреть: ведь там показаны настоящие человеческие чувства и переживания, а их сложно и страшно воспринимать.

С книгами то же самое. Оба с огромным удовольствием прочитали первую книгу «Гарри Поттера», когда им было лет 8 (младшая с моей помощью). На начале второй они затормозили. Не знаю про старшего, но младшая настолько переживала, что Гарри и Рону попадёт за опоздание в школу, угон автомобиля и приземление на гремучую иву, что наотрез отказалась читать дальше. Прошло несколько лет, прежде чем оба вернулись к «Гарри Поттеру», чтобы взахлёб дочитать серию до конца.

С российскими авторами еще сложнее. Если «Календарь Майя» Виктории Ледерман мы ещё как-то одолели, хотя там много переживаний вызвал персонаж Лены Зюзиной, которая, будучи подростком, вынуждена вести себя как взрослая, так как все хозяйство держится на ней, то через «Светлика Тучкина», который сбегает из детского сада (!!!), мы пробраться так и не смогли – что же это за воспитатели такие, что недосмотрели и дали такому малышу убежать?

Возвращаясь к одной из первых глав своего повествования, напомню, что я говорила о пяти формах повышенной психической возбудимости, описанных психологами Домбровским и Пеховским в 60-ые и 70-ые годы прошлого столетия. Повторю, что они определяли интеллектуальную, психомоторную, эмоциональную, и чувственную возбудимости, а также повышенную возбудимость воображения. Психомоторная возбудимость тесно связана с нехваткой сигналов, необходимых проприоцептивной системе. Интеллектуальная возбудимость – это то самое ненасытное любопытство и непреодолимый драйв получения знаний, присутствующий у одаренных детей. А вот эмоциональная, чувственная, а также повышенная возбудимость воображения – это то, что делает их такими чувствительными к восприятию эмоций и переживаний. Интересно также, что результаты одного из немногих исследований[31], посвященных конкретно глубоко одарённым детям, говорят о том, что 99% таких детей обладают тремя и более формами повышенной возбудимости, где эмоциональная, интеллектуальная и повышенная возбудимость воображения являются преобладающими. А наиболее распространённым сочетанием являются все пять форм возбудимости вне зависимости от пола детей.

---

[31] https://www.researchgate.net/profile/Vanessa-Wood-4/publication/382597649_Prevalence_of_Emotional_Intellectual_Imaginational_Psychomotor_and_Sensual_Overexcitabilities_in_Highly_and_Profoundly_Gifted_Children_and_Adolescents_A_Mixed-Methods_Study_of_Development_and_Developm/links/66b243bb299c327096b5864d/Prevalence-of-Emotional-Intellectual-Imaginational-Psychomotor-and-Sensual-Overexcitabilities-in-Highly-and-Profoundly-Gifted-Children-and-Adolescents-A-Mixed-Methods-Study-of-Development-and-Deve.pdf

Общение, социализация и проблема двойной эмпатии

Тема общения и социализации поднимается и в контексте аутизма, и в контексте одаренности, и, конечно, в контексте домашнего обучения. В контексте аутизма потому, что одним из его главных определений являются именно социальные трудности. В контексте одаренности из-за потребности общения с равными себе по интеллектуальным способностям. А в контексте домашнего обучения из-за распространенного мифа о том, что дети на домашнем обучении сидят дома и, соответственно, отрезаны от мира, своих ровесников, а, значит, и всякого общения. Мифом это является потому, что ситуация как раз, в основном, обратная: дети на домашнем обучении не ограничены школой в своем общении, а имеют возможность иметь дело с самыми разными людьми из самых разных сообществ. Но чтобы найти и установить такие связи, действительно, нужно приложить массу усилий.

Несмотря на это, даже будучи неудовлетворенными академическим аспектом школы, многие продолжают туда ходить для социализации и из-за друзей. У нас с социализацией в школе не получилось ни с одним ребенком, ни с другим. Сенсорная система старшего была так перегружена шумом, необходимостью без конца следовать правилам и скукой, что на контакт с ровесниками и даже учителями сил не хватало. Кроме того, для него очень важно чувствовать особенную связь с другими людьми. Причём, мне кажется, это чувство было подсознательным: он не мог сказать, с кем у него есть такая связь, но это становилось очевидным, когда он стремился общаться с определённым человеком, а при самом общении успокаивался и вёл себя, как совершенно обыкновенный ребёнок. Увы, но школа не давала создать такую связь по нескольким причинам. Во-первых, общаться там было особо некогда: переменки короткие – плюс, за них нужно успеть еще перекусить, – а во время занятий общение не поощряется. Во-вторых, каждый год в начальной школе меняется состав классов в параллели, так как всех учеников «перемешивают». Те дети, с кем сын наладил хоть какой-то контакт и хоть как-то общался в предыдущий год, попали в другие классы и быстро нашли себе других детей для общения, и, мне кажется, это стало большим ударом для сына – он так и не нашёл новых товарищей и как-то совсем замкнулся в себе. В-третьих, ни дети, ни учителя не хотели и не могли с ним обсуждать те темы, которые его интересовали: никто особо не интересовался чёрными дырами и марсоходами. Младшая, хотя и намного более общительная, в первом классе начала жаловаться, что с девочками она дружить не хочет, потому что они не играют с мальчиками, а ей были более интересны мальчишечьи игры в супергероев, которые другие девочки не одобряли.

Я уже упоминала, что психолог, которая диагностировала у сына одарённость, рекомендовала нам искать ему друзей по интеллектуальному уровню и интересам. Знаю, что многим не нравятся такого рода советы, так как в них видится очень неприятный подтекст элитаризма. Мне тоже не нравятся, но на собственном опыте мы видим, что общается наш сын лучше всего в кругу таких же глубоко одарённых детей: они лучше понимают друг друга, разговаривают на темы, популярные в их кругу, смеются над шутками, непонятными аутсайдерам. Дочь, кстати, тоже: хотя она всегда была очень общительная и умеет подстраиваться подо всех, на данный момент её лучшими друзьями являются дети, такие же, как она – глубоко одарённые дислексики.

Конечно, аутизм сына сильно влиял и продолжает влиять на его способность общаться с разными людьми. Как оказалось, до своих первых занятий с логопедом он даже не знал, что такое «друг» – он думал, что все вокруг друзья. И только когда ему систематично объяснили разницу между «знакомым» и «близким другом» [32] – а также многочисленными вариантами между – он понял что, вообще-то, у него нет друзей.

Когда у тебя сложности с пониманием того, как начинать разговор, с определением, интересно твоему собеседнику тебя слушать или нет, с распознаванием невербальных сигналов – собеседник обиделся или оценил шутку? – когда непонятно, почему нужно говорить про

---
[32]
https://imgv2-2-f.scribdassets.com/img/document/569258944/original/b078055023/1703634385?v=1

погоду, если сказать про неё абсолютно нечего, сколько информации нужно передать в ответ на вопрос «как твои дела?» и так далее, общение осложняется. Правда, чем старше сын становится, тем больше опыта он приобретает и тем лучше он начинает разбираться в этом сложном, не интуитивном для него мире. Да, и восемь лет занятий с логопедом, наверное, не прошли даром. Вот, недавно он участвовал в научном исследовании подростков-аутистов. Там было много интересных вопросов, но один мне особенно запомнился: сына спросили, имел ли он опыт с «информационным дампом» при разговоре с кем-либо. «Информационный дамп», то есть акт передачи большого количества информации за короткий промежуток времени, — это очень распространенная особенность нейроотличных детей, а аутистов в особенности. Они чувствуют непреодолимое желание поделиться интересной им информацией с окружающими, но не всегда понимают, интересна эта информация остальным или нет. Так вот, сын ответил, что, да, конечно, он не раз это проделывал раньше, но теперь начинает с прощупывания ситуации: сперва говорит только пару предложений и пытается оценить по реакции собеседников, продолжать ему или нет. Вы себе не представляете, какой это для него прогресс, и в нём большая заслуга, в том числе, его логопеда. Представьте, сколько усилий сыну нужно прикладывать, чтобы не забывать это проделывать, так как всё равно для него это не является чем-то интуитивным, в то время как нейротипичные дети проделывают это на подсознательном уровне.

Вообще, есть такое понятие как «проблема двойной эмпатии»[33]. Я про него впервые узнала из видео[34] австралийского психолога и активиста Жак ден Хаутинг. В этом видео упоминается про исследование[35], которое говорит о том, что несмотря на то, что у аутистов сложности в общении с нейротипичными людьми, они без проблем общаются друг с другом[36]. Позволю себе предположить, что такие же результаты можно получить

---

[33] https://autismjournal.help/articles/dvoynaya-empatiya-pochemu-autichnye-i-neyrotipichnye-lyudi-ne-ponimayut-drug-druga
[34] https://youtu.be/A1AUdaH-EPM?si=X0qsHE2z-R_uXL7-
[35] https://journals.sagepub.com/doi/10.1177/1362361320919286
[36] https://kar.kent.ac.uk/88088/1/MILTON%20Double%20empathy%20problem%20frym.pdf

и при исследовании других типов нейроотличий. Например, люди с синдромом дефицита внимания и гиперактивности (СДВГ) тоже имеют трудности с общением. Кроме того, симптомы этих трудностей часто выглядят также, как и у аутистов. Например, при разговоре, и аутист, и человек с СДВГ могут говорить что-то невпопад. Только аутист это делает потому, например, что не понимает невербальных сигналов собеседников, а СДВГ-шник, скорее всего, отвлекшись на свои мысли, потом высказывает свою по поводу того, что было сказано раньше, хотя теперь разговор уже ушёл совсем в другую сторону. И хотя я не считаю, что всем обязательно нужно диагностировать свои особенности, в данном случае диагноз оказался бы полезен, так как помощь аутистам с трудностями в общении отличается от помощи людям с СДВГ.

  На сегодняшний момент дела с общением у наших детей обстоят так: дочка совершенно процветает в смысле социализации, так как нам удалось найти ей группу друзей на домашнем обучении, с которыми она регулярно видится как на занятиях, так и в свободное время. С сыном сложнее – друзей, с которыми он регулярно общается в свободное время у него нет. Вообще, за всё это время, только один раз у него появился такой друг, с которым он мог делать что угодно, разговаривать о том, что в голову взбредет и, в то же время, быть самим собой. Продолжалось это недолго, так как друг был старше на пару лет, и как только достиг подросткового возраста, его интересы сильно изменились. Но всё-таки, несмотря ни на что, общение у сына постепенно прогрессирует, так как он стал лучше понимать свои особенности и более осознанно подходить к ведению разговора, что, в свою очередь, дает ему больше уверенности в себе и приводит к снижению тревожности. Хотя, с другой стороны, это понимание, приводит ещё и к осознанию как желания иметь, так, увы, и отсутствия друзей.

Как мы пережили пандемию

Когда началась пандемия, старшему было 10-11, а младшей 7. То есть, одиннадцатилетие сына мы справляли еще все вместе у нас дома, а вот восьмилетие дочери – уже в масках и на улице, находясь на некотором расстоянии друг от друга.

Самое ужасное, что на апрель 2020-ого года у нас была запланирована трехнедельная (спасибо домашнему обучению, которое делает такие вещи возможными) поездка в Италию и Грецию, так как сын в то время очень увлекался историей Древнего Рима, ну, а книжка Куна про легенды и мифы Древней Греции была зачитана до дыр обоими. Мы собирались объехать всю Италию от Венеции до Помпеев и даже подумывали посетить место самой крупной и важной битвы второй Пунической войны 216 года до н.э. между Римом и Карфагеном – битвы при Каннах, а потом исследовать Афины с окрестностями, Крит и Санторини с его красотами и вулканом. Но, увы! Наши планы рухнули, и мне понадобилось больше двух лет, чтобы получить возврат хоть каких-нибудь денег, уплаченных за самолеты, жильё и поезда.

Можно сказать, что в отличие от традиционных семей, мы были более подготовлены к пандемии, так как оба ребёнка на тот момент уже были на домашнем обучении, а, значит, закрытие школ на нас, в общем-то, не сказалось. Конечно, очные занятия детей тоже перевели в дистанционный режим, включая их лесную школу и даже уроки плавания (!), но всё-таки для нас переход на обучение в стенах дома не был таким травмирующим, как для тех, кто до пандемии учился в школе и ходил на работу в офис.

Многие мои сотрудники даже просили меня их проконсультировать, как устроить учебу – и, вообще, жизнь – дома. Помню, как семьи на домашнем обучении проводили встречи по зуму для родителей детей, учащихся в школе, и давали советы, как всё устроить, на что обратить внимание и какие использовать пособия.

Вообще, для многих бесконечное пребывание дома с семьёй оказалось шоком, в некоторых случаях приведшим к развалу семей. А возможность родителей воочию наблюдать по зуму недостатки образовательной системы, тоже принесла свои плоды: количество семей, перешедших на домашнее обучение, вдруг резко возросло.

С другой стороны, нам тоже оказалось нелегко, несмотря на то, что наш сын, например, утверждал, что он счастлив, потому что ему не нужно выходить из дома. Однако, на тот момент он ещё не настолько хорошо разбирался в своих потребностях. Дело в том, что многие нейроотличные дети и взрослые нуждаются в строгом распорядке дня. Вернее, я бы сказала так (по крайней мере, так работает у нас): им нужны границы, но внутри границ, им нужна свобода. До пандемии, нашими границами являлись мероприятия вне дома. Каждый день мы либо ходили на какие-то занятия, либо в парк, либо на терапию, либо в музей, либо в лесную школу. Между этими вылазками из дома детям предоставлялась свобода: они могли читать, слушать подкасты, смотреть документальные фильмы, рисовать, играть в игры, собирать пазлы и лего. Короче, всё, что захочется. Однако, с приходом пандемии, границы исчезли, а создать такие же границы дома, как оказалось, потребовало высокой дисциплины.

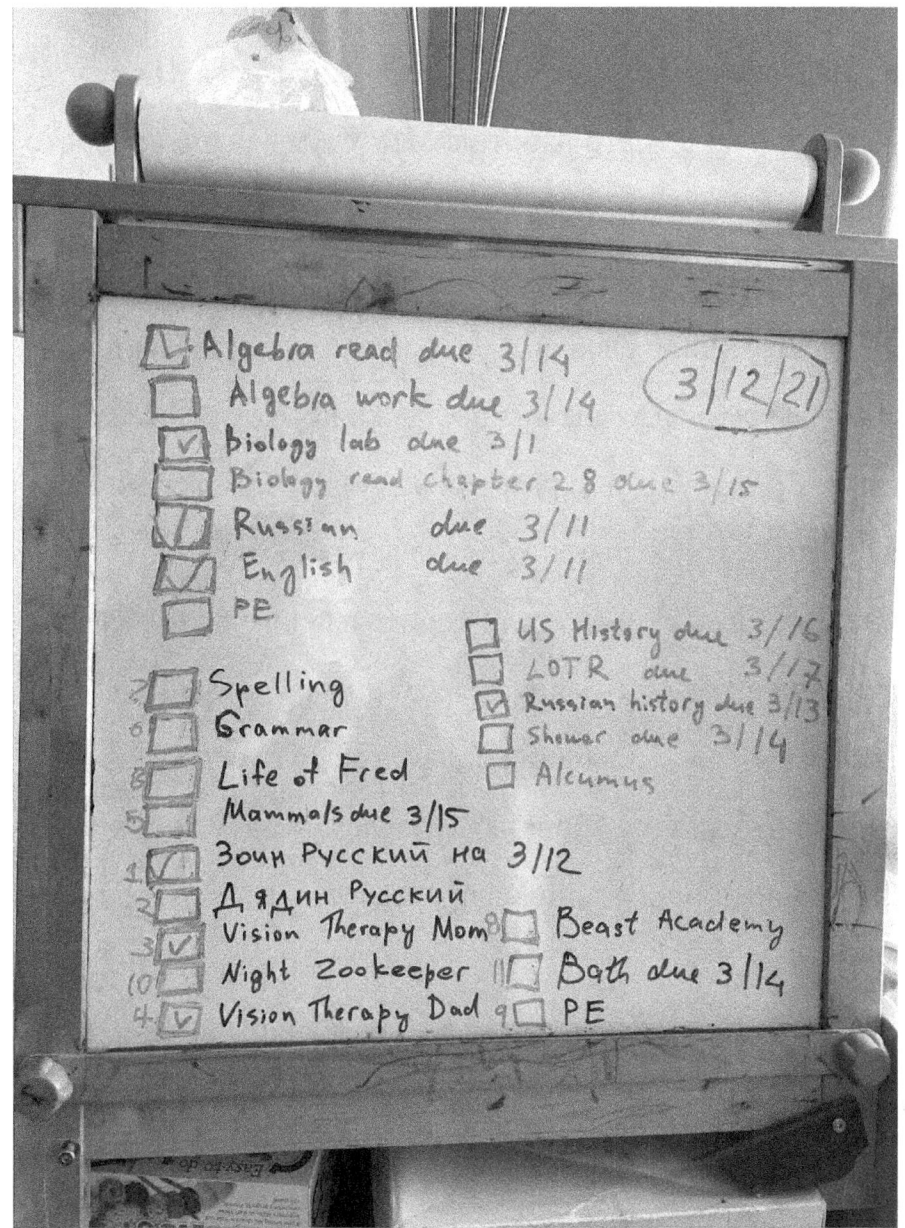

Сначала мы решили составить своё расписание. Вернее, дети это сами решили. Начиналось всё с зарядки. Потом были какие-нибудь дистанционные классы. Потом мы играли в настольные игры или собирали пазлы. Первые несколько недель это работало. Потом мы решили просто писать список дел. Но вскоре мы поняли, что мы просто сойдем с ума, если совсем не будем выходить из дома. Когда разрешили выходить на улицу, мы стали каждый день всей семьей ходить на прогулки перед ужином по нашему району. Когда разрешили ходить в парки, то как бы вместо лесной школы раз в неделю по пятницам мы, опять же, всей семьей стали ходить в пешие походы. Мы облазали все парки в округе и изучили все тропинки.

Ещё один большой плюс, который случился из-за пандемии, касается уборки. До пандемии раз в месяц к нам приходили уборщики приводить квартиру в порядок более тщательным образом, чем в промежуточные недели. Мы никогда не собирались нанимать уборщиков, но так получилось, что когда мы еще арендовали квартиру в другом городе, у её хозяина был бизнес по уборке квартир и, видимо, чтобы присматривать за своей квартирой, он включил в оплату за аренду еще и уборку. С тех пор он продолжал убирать наши квартиры. А с началом пандемии уборка закончилась, и нам пришлось вернуться к наведению марафета своими руками. Но в этот раз мы подключили к этому детей и превратили уборки в такой субботник что-ли, где каждому распределили свои обязанности. Например, дети отвечали каждый за свою комнату, а также за их общий туалет: на одной неделе один моет унитаз, а другой раковину и ванну, а в следующий раз – наоборот. Как ни странно, это хорошо работало и продолжает работать до сих пор. Ну, и, конечно, у обоих теперь богатый опыт работы по дому, что тоже немаловажно.

Ещё один плюс пандемии заключался в том, что мы были вынуждены попробовать классы, предлагаемые специализированными дистанционными платформами, которые существовали задолго до пандемии. Раньше мне такие классы казались ненужными и непонятными, но когда стало ясно, что не каждый умеет преподавать в онлайн режиме, пришлось сдаться. Занимаясь преподаванием дистанционных классов уже много лет, эти платформы знали, как правильно построить урок, чтобы детям не было скучно, умели использовать всевозможные приложения и сайты, которые делали классы более увлекательными, плюс понимали потребности одаренных детей. Сыну больше нравилась одна платформа[37], где он, за исключением биологии, изучал, в основном, гуманитарные предметы, а дочке – другая[38], где её любимыми курсами были океанография и драконология.

Однако, со временем новизна дистанционной жизни приелась, и вообще стало понятно, что даже хорошо организованные онлайн классы детей больше не устраивают. Да, и бесплатные лекции перестали привлекать, не говоря уже о платных классах. Дети просто не могли больше фокусироваться и быть вовлеченными в то, что происходит на экране, за исключением видео игр. Да, и вне экрана, к тому времени уже всё осточертело: все пазлы оказались собраны, а все настольные игры переиграны по миллиону раз. Даже месячное пребывание на Гавайях, которое оказалось

---

[37] https://www.onlineg3.com
[38] https://athenasacademy.com

возможным из-за отсутствия очных классов, не привело к поднятию боевого духа. Кроме того, к третьему году пандемии мы столкнулись с ожидаемыми с одной стороны и, в то же время, абсолютно неожиданными с другой сложностями подросткового возраста.

Сложности подросткового возраста

Нас все и всегда стращали подростковым возрастом, особенно в контексте наших упрямых и своенравных детей. Нас предупреждали, что с ними будет нелегко. А книги по воспитанию описывали высокомерных подростков, которые хамят своим родителям, так как считают, что лучше их знают, что им надо, хлопают дверями и проделывают всякие рискованные штуки. Нас подобным же образом стращали и про ужасных двухлеток, хотя с этим периодом проблем у нас не было совсем: оказалось, что детям можно было просто словами объяснять, почему что-то нужно делать так, а не иначе, и они это понимали и соглашались с нашими аргументами. Возможно, мы подсознательно думали, что, может, и с подростковым возрастом будет не так ужасно. Да, плюс, всё как раз стало налаживаться. Травму школы мы, можно сказать, пережили, так как на домашнем обучении к тому времени находились уже больше четырех лет.

Ночные кошмары закончились, тревожность уменьшилась, вера в себя увеличилась, а контроль над своими чувствами улучшился. Сын читал взахлёб на обоих языках по собственному желанию. В свободное время слушал подкасты по истории и смотрел научные видео. И это всё тоже по собственному желанию. За плечами были уже несколько колледжских курсов, где он был одним из лучших учеников. И даже с навыками, связанными с исполнительными функция, у него был огромный прогресс: сын помнил, какое домашнее задание нужно было сдать и в какой день, и когда время сдачи приближалось, садился и спокойно его делал. И отношения у нас с ним были замечательные. Короче, если построить график изменения состояния сына со временем, то кривая неустанно стремилась всё больше и больше вверх.

    Мы как-то расслабились и думали, что так оно и будет продолжаться вечно. Поэтому когда на следующий после своего тринадцатилетия день у нас в доме появился совершенно незнакомый и непонятный нам новый человек, мы оказались к этой метаморфозе – а она произошла буквально за ночь – не готовы. Тем более, что то, что мы получили, оказалось совсем не тем, чем нас стращали. За исключением бессознательного хлопанья дверей, к которому мы были привычны с самого раннего возраста. Это связано со сложностями с проприоцепцией – ещё один громкий термин, обозначающий способность ощущать свое тело в пространстве, включая его положение, движение и силу. Бессознательное хлопанье дверью говорит о сложностях у ребёнка с определением силы, которую ему нужно применить, чтобы закрыть дверь тихо.

Вместо ожидаемого, мы как будто вернулись на пять лет назад, когда тревожность зашкаливала, а вера в себя отсутствовала напрочь. При этом каждое адресованное сыну слово рассматривалось, как осуждение, что выливалось в самобичевание, как в прямом, так и в переносном смысле. Плюс прибавилась борьба между желанием найти своё «я» (или как Лиза Дамур говорит в своей книге «Эмоциональная жизнь подростков»[39] «свой бренд») и пониманием зависимости от родителей. Всё вместе это привело к довольно депрессивному состоянию. Сын превратился в абсолютного затворника (пандемия тут, конечно, тоже поспособствовала) и практически перестал выходить из своей комнаты. Его режим перевернулся с ног на голову, и мы практически перестали с ним видеться, так как он бодрствовал, когда мы спали, и спал, когда мы бодрствовали. Из-за такого режима с едой тоже стало совсем плохо. Ну, и с занятиями соответственно: он физически не мог встать в нужное время, совершенно не мог концентрироваться на лекциях, а когда садился делать домашнее задание (если до этого вообще доходило дело), то после 15-ти минут попыток что-нибудь сделать, говорил, что он ничего не может. Вся его тяга к знаниям испарилась. Мотивация и интерес к чему-либо пропали. Единственное, чем сын тогда занимался – это проводил время на планшете. Впоследствии он признался, что для него это была своеобразная форма терапии. Наш график

---

[39] https://www.amazon.ca/Emotional-Lives-Teenagers-Compassionate-Adolescents/dp/B0B6GML2TB?tag=katrinaoneil-20

стал напоминать не рост какого-нибудь многообещающего фонда, а его полный крах.

Метаморфоза произошла столь неожиданно, что мы ещё какое-то довольно долгое время, пытались чего-то от сына требовать, аргументируя это тем, что ведь он же это делал без проблем на прошлой неделе! «Так почему же ты не можешь этого сегодня?» «А чего ж ты не лёг спать вовремя – ты что не знал, что у тебя утром урок?» «Но мы же вчера договорились, и ты обещал это сделать!» «Ты же сам решил заниматься с Совнаком!» И так далее, и тому подобное...

Ох, уж этот великий и могучий русский язык (хотя на английском мы делали то же самое, но, мне кажется, в английском проще поменять коннотацию)! Как хорош и прост он для осуждения! Ведь в каждом этом «так чего ж ты», даже когда оно и не обязательно используется с умышленной отрицательной коннотацией, так и слышится неодобрение. И именно так сын это и воспринимал. Приходил в ярость, но не мог справиться с чувствами и вместо этого причинял себе физическую боль. А потом, успокоившись, просил прощения. Вскоре он стал просить прощения по поводу и без повода, а иногда, казалось, просто на всякий случай. И это было ужасно! Со временем мы начали понимать, что своими вопросами и требованиями только ухудшаем положение – только ещё больше подрываем его веру в себя. И вот какой получился парадокс (к его пониманию я пришла гораздо позже): когда сын учился в школе, он потерял веру в себя, сравнивая себя с другими учениками, которые что-то делали гораздо лучше, чем он, а на домашнем обучении в период пандемии он стал терять веру в себя, потому что ему не с кем было себя сравнить, и он перестал понимать, насколько хорошо он мог что-то делать. И во многом – это была наша вина: мы в тот момент слишком много от него требовали и не понимали этого.

В конце концов, всё стало так плохо, что нам пришлось уйти даже из нашей чартерной школы, месяц не дотянув до конца учебного года: просто стало понятно, что мы не сможем предоставить нашему куратору образцы работ по всем предметам. Это был апрель седьмого класса. Мы ушли из чартера, сделали свою собственную частную школу из одного ученика и уехали на месяц на Гавайи в надежде, что смена обстановки позитивно повлияет на всех, но, как я уже писала раньше, этого не произошло. Отменив все другие курсы и еле-еле закончив курс по геометрии – нам даже пришлось нанять сыну тьютора, – мы сделали полный перерыв на лето.

Продолжение эпопеи

Как мы решились сделать паузу и, по крайней мере, попытаться избавиться от своих требований и ожиданий? Тут нам опять помогла наша психолог. Как только мы поняли, что не знаем, что делать с переменами в нашем сыне и как ему помочь, мы в очередной раз обратились к ней. Первым делом она провела несколько сеансов терапии с нами, родителями. Во-первых, она напомнила нам, какие огромные физиологические и психологические перемены происходят у подростков в этом возрасте и как тяжело для них всё это переживать.

Потом на основе нескольких видео Ютуб канала[40] Джессики МакКейб об «Ужасной Стене» (части первая[41] и вторая[42]), которые я настоятельно рекомендую посмотреть каждому, она попыталась нам объяснить, в каком замкнутом круге находится наш сын, пытаясь побороть в себе чувство неполноценности и перелезть через недосягаемую для него стену из отрицательных

---

[40] https://www.youtube.com/@HowtoADHD
[41] https://youtu.be/Uo08uS904Rg?si=LmZJQVE1gQEHtW8C
[42] https://youtu.be/hlObsAeFNVk?si=n51lMLqBUNHuPhs7

эмоций, как его самооценка связана с нашими завышенными ожиданиями преодоления этой стены и как, видя наше разочарование в нём, он только еще больше сам разочаровывается в себе и либо срывается со стены, либо просто оставляет все попытки ее перелезть. Интересно, что до этого вопрос про СДВГ у нас не вставал. Аутизм – да, а вот про СДВГ никто никогда не думал. А тут вдруг психолог начала ссылаться на всяческие ресурсы, посвящённые СДВГ и объяснять, что часто СДВГ проявляется также, как и аутизм. Короче, она начала подозревать, что у сына может быть не только аутизм, но и СДВГ.

Ну, и в конце концов, она показала нам, что лучший способ избавиться от ужасной стены или, по крайней мере, сделать ее ниже – это поменьше осуждать. Заменить наши «так чего ж ты» либо на «я вижу, как тебе тяжело, но знай, что я всегда готов(а) тебе помочь», либо на простое молчание. Ну, а если совершенно избавиться от ужасной стены не удается, то всегда можно использовать вспомогательные средства, чтобы ее преодолеть. Например, слушать музыку во время выполнения домашнего задания, если она помогает тебе сосредоточиться. Заниматься работой не дома, а в кафе и делать это не одному, а в компании. Использовать таймер, чтобы легче было заниматься непредпочтительным делом, зная, что оно не будет длиться вечно.

Понимать-то всё это мы, может, и начали, но понимать – это одно, а делать – совсем другое. Перестроиться было нелегко, да, и бесконечное использование сыном экрана тоже очень напрягало. Мы пытались ограничивать, забирать, отключать от сети, следить, но, в конце концов поняли, что ничего не работает. Плюс, бесконечная слежка и бдения только подрывали наше взаимное доверие друг другу и приводили к еще большему стрессу. При этом психолог говорила, что если забирать планшет, то нужно его чем-то заменять, но мы так и не нашли чем. Пытались заинтересовать программированием, но курс, на который сын записался проходил в очень медленном, скучном, асинхронном, дистанционном формате. Пытались найти хорошего ментора по математике, а также возможность поработать над настоящим проектом в SETI, но, как я уже писала, оба начинания провалились. Все предлагаемые курсы, занятие и мероприятия отвергались. Единственное, на что сын, в конце концов, согласился, так это на довольно продвинутый очный курс по истории, который он проходил в компании со своим давним знакомым, и на очный книжный клуб.

Плюс, он продолжал заниматься космологией с Совнаком и решил двигаться дальше в математике, но сам по себе и в дистанционном режиме, что совершенно ему не подходило, так как мотивировать самого себя еще сложнее, чем в кругу других учащихся.

Очные занятия по истории и особенно книжный клуб постепенно стали сыну нравиться. С домашним заданием, правда, всё равно были проблемы, но на сами занятия он стал ходить с удовольствием. Кроме того, он записался на регулярные сеансы терапии с психологом и просто обожал с ней разговаривать. Нам стало очевидно, что его нужно вытаскивать из дома, чтобы он общался с другими подростками и взрослыми – общения только с нами ему уже не хватало.

Однажды наш психолог поинтересовалась, что мы собираемся делать с девятого по двенадцатый класс – самые ответственные годы обучения перед поступлением в университет. Мы с мужем переглянулись и подумали: «Как что? Продолжать на домашнем обучении – ведь вы же нам сами рекомендовали уходить из школы!» На что она нам ответила, что слышала про одну маленькую частную школу, которая неплохо работает для её нескольких глубоко одарённых клиентов в спектре. Как и в прошлый раз, мы как-то пропустили этот комментарий мимо ушей, не придав ему изначально большого значения. Зато когда наши друзья с похожим на нашего сына отпрыском в аналогичной ситуации вплотную занялись поиском школы, я вспомнила про тот комментарий и передала его друзьям.

Их сын пошёл в ту школу на год раньше, чем наш. Целый год они нас уговаривали рассмотреть её, как потенциальный вариант. Мы долго отнекивались, но потом сдались, с большим трудом уговорили сына – он настаивал на том, что прекрасно чувствует себя и так, хотя нам было очевидно, что это неправда – и, наконец, пошли посмотреть. Нас пригласили на праздник, который школа устраивает в конце декабря перед началом зимних каникул. В тот раз она не произвела на нас никакого впечатления. Мы там никого не знали, кроме наших друзей. Нам было непонятно, что происходит, так как это был не обычный школьный день, а праздник, где родители просто общались, а ученики показывали свои работы. Мы мысленно поставили галочку – сходили, посмотрели, забыли – и оставили эту затею в покое.

Нестандартная школа

Прошло еще несколько месяцев, но ситуация с сыном к лучшему не менялась, а наши отношения с ним продолжали быть натянутыми. В очередной раз друзья напомнили нам про школу, и, за неимением лучших вариантов, мы решили туда сходить еще раз. Вернее, на этот раз мы уговорили сына сходить туда в обычный учебный день и посмотреть, как там всё происходит. Его пригласили на половину школьного дня и, зная его заинтересованность наукой, позвали на урок химии. В тот момент они занимались какими-то взрывными опытами, поэтому от этой части дня сын остался в восторге, а вот дальше был урок рисования. Это было ошибкой со стороны школы, так как они должны были знать про нелюбовь сына к такого рода занятиям. Думаю, что он просто не считал себя преуспевающим в этой сфере, особенно учитывая тот факт, что его сестра как раз делала (и продолжает) большие успехи в изобразительном искусстве. Поэтому, как только начался урок рисования, сын просто отключился от происходящего и уселся в уголке читать «Манифест Коммунистической партии» Маркса и Энгельса, обнаруженный им в школьной библиотеке.

Но всё-таки после того раза лёд тронулся, и сын начал задавать вопросы про школу. Например: «А что если я буду туда ходить только на научные занятия?» А также: «А, может, мне можно её посещать не каждый день?» В конце концов, после того, как он сходил на пробные занятие ещё пять или шесть раз, нужно было что-то решать, так как восьмой класс подходил к концу.

Наверное, теперь нужно сказать несколько слов про саму школу. Во-первых, это настоящая аккредитованная школа, а не просто кооператив домашников, хотя по своему духу она очень его напоминает. Работает школа в пятидневном очном режиме с 9-ти до 3-ёх и рассчитана на учеников девятых-двенадцатых классов, хотя иногда они берут начиная с седьмого. В школе учатся на сегодняшний момент всего семь человек, трое из которых в этом году ее заканчивают. Шефствуют над ними два учителя: один берёт на себя физкультуру и изобразительное искусство, а другой – всё остальное. Здание школы – это обыкновенный частный дом с гостиной, в которой стоят диван и кресла, столовой с большим рабочим столом посередине и многочисленными классными досками и картами, развешанными на стенах, кухней, где можно готовить еду на обед, тремя комнатами, оборудованными для работы в одиночестве или с партнёром, гаражом, который также выполняет функцию научной лаборатории и, наконец, внутренним двориком, где тоже проходят занятия, а к праздникам и школьным мероприятиям учениками выстраивается сцена, с которой они развлекают приглашённых членов семей и к ним примкнувших своими достижениями в форме презентаций, сценок и музыкальных номеров. Кроме того, школа находится в пятнадцати минутах ходьбы от одного из местных общественных колледжей и всеми силами поддерживает учеников, которые хотят там проходить какие-либо курсы.

Чтобы попасть в эту школу не требуется ни сдача экзаменов, ни написание эссе, ни наличие каких-либо диагнозов, хотя публика там оседает специфическая: не просто дважды-исключительная, но и с очень определенным типом нейроотличий. Чтобы получить возможность влиться в коллектив, по правилам школы требуются две вещи. Во-первых, будущий ученик должен сам хотеть находиться в этой школе, не зависимо от того, чего хотят, например, его или её родители. А во-вторых, весь коллектив школы должен проголосовать за принятие нового ученика в свои ряды. Потому что только так возможно создать нужную атмосферу взаимопонимания и поддержки. А именно это и является основой этой школы.

Что мне особенно нравится в этой школе, так это то, что там нет разделения на классы и предметы. Все изучают всё вместе, но к каждому ученику свой подход и свои требования. А междисциплинарное обучение отлично подходит таким подросткам, как мой сын: они обожают находить связи между, казалось бы, не связанными между собой вещами. Да, и просто смотреть на одно и то же понятие с точки зрения разных дисциплин – это то, что надо. Например, чтение литературного произведения, в котором затрагиваются какие-то моральные или политические вопросы, наталкивает на дискуссии по поводу политической ситуации в теперешнем мире, обсуждения похожих событий, происходивших в прошлом, а также философские размышления по поводу добра и зла. Или, например, удар бейсбольной битой по мячу рассматривается и как физкультура, и как физика, и тут же для расчетов траектории полета мяча по параболе на помощь приходит математика. Изучение иностранного языка — испанского в данном случае — происходит вместе с оттачиванием таких жизненных навыков, как покупка продуктов в мексиканском магазине и заказа еды в мексиканском ресторане, а также вместе с изучением истории, музыки, литературы и искусства латиноамериканских стран. Изобразительное искусство используется в качестве трудотерапии, а регулярная саморефлексия даёт возможность лучше понимать себя и окружающих и учиться защищать свои интересы. Наличие кухни позволяет учиться готовить, а наличие туалета — его мыть.

Вообще, ученикам даётся много свободы в выборе конкретных заданий и путей их выполнения. Кроме того, учителя очень чутко относятся к настроению коллектива, и если что-то идет не так, как было запланировано, они могут просто ни с того ни с сего сорваться и поехать в музей или книжный магазин, потому что становится понятно, что обстановка требует именно этого, а не дальнейших тщетных попыток кого-то, кто не в состоянии в этот конкретный момент воспринимать новую информацию, чему-то обучить.

А ещё, если после месяца обучения новый ученик остается недовольным своим пребыванием в школе, из нее можно уйти без подписания контракта на целый год. Именно этот аргумент, в конце концов, стал ключевым – сын согласился начать девятый класс в этой школе.

Свет в конце тоннеля

И вот наступило 5-ое сентября – первый день школы. Несмотря на то, что школьный день начинался в 9 утра, выехать из дома нужно было не позже 8:30. Я с ужасом представляла (а, вернее, не могла себе представить), как сын будет вставать в такую рань, учитывая его ночной образ жизни. Естественно, все, начиная с нас и кончая школьными учителями, пытались ему целое лето втолковывать, что нужно постепенно переходить на нормальный режим, а то будет очень тяжело. И, естественно, он всё это слушал, соглашался и продолжал ложиться в 5 утра и вставать соответственно.

Тем сентябрьским утром после многочисленных напоминаний, что пора вставать, угрюмого завтрака и получасовой поездки по загруженному шоссе я сдала своего невыспавшегося и раздраженного подростка в школу. На «первосентябрьском» фото он стоит в дверях школы и протягивает ко мне руки в безмолвном вопросе «как ты могла?» С тем мы и расстались до трех дня.

Когда я приехала его забирать, у меня сложилось впечатление, что моего сына кем-то подменили: тот подросток, который теперь сидел рядом со мной в машине, был улыбчив, энергичен, возбужден в хорошем смысле этого слова и не умолкал на протяжении всей дороги домой, по своему собственному желанию вещая про то, что произошло у них сегодня в школе. Сказать, что я была в приятном и вдохновляющем шоке – это ничего не сказать.

Но ещё больший шок ожидал меня на следующее утро, когда всё тот же невыс- павшийся, угрюмый и раздраженный подросток объявил, что ничего не работает, что школа ужасная, и, вообще, что нам нужен план Б!

Следующие две недели прошли в абсолютно таком же режиме: утром всё было ужасно, а после школы – всё чудесно и удивительно. И никакие мои попытки обратить внимание сына на то, каким удовлетворенным и счастливым он выглядит в конце дня, не принимались всерьёз с утра. Во время самой школы, по словам учителей, сын пару раз засыпал на диванчике, пока у них шла дискуссия по истории. Но в том-то и прелесть этой нашей школы: всю первую четверть они присматриваются к новому ученику и дают ему освоиться. Они ничего не требуют и никоим образом никого ни за что не осуждают. Они пытаются понять, что это за человек: какие у него интересы, с чем сложности, в чём ему нужно помочь, а в чём дать свободу, что его движет, а что тревожит, с кем он лучше работает и какие условия нужно создать для того, чтобы он начал преуспевать.

И вот подошёл к концу первый месяц учёбы, и надо было что-то решать. До последнего дня я была не уверена, захочет сын оставаться или уходить. В конце концов, в последний день месяца он мне сообщил, что, наверное, ему всё-таки стоит остаться. В этот момент, в нём, видимо, произошёл какой-то перелом, и после этого первого месяца дела стали постепенно налаживаться. Несмотря на то, что оценки в первой четверти у него были, прямо скажем, не очень, к концу первого семестра он очень сильно их подтянул, и, принимая во внимание такой прогресс, учителя решили не учитывать оценки за первую четверть при выставлении оценок за семестр.

Небольшой регресс случился, когда сын заболел. Во время болезни он практически не делал никакой школьной работы, но учителя не настаивали. Зато потом ему пришлось догонять. Количество скопившейся работы вызвало у сына повышенное чувство тревожности, которая только мешала ему начать эту работу выполнять. И чем больше он тревожился, тем больше медлил, и, соответственно, ещё больше тревожился. Но и с этим в школе ему помогли: проговорили с ним, как тревожность влияет на его работоспособность, и дали больше времени досдать несделанную работу. Вставать по утрам было сложно еще очень долгое время (да, и сейчас нелегко), но в какой-то момент сын вдруг сообщил, что он себе на планшете поставил будильник и попросил нас его больше не будить. Ну, только если он ещё не встал к 8-ми утра. Потом вдруг у него прозвучала фраза, что, наверное, нужно бы ложиться спать пораньше, чтобы было легче вставать по утрам. А однажды он даже доложил, что установил ограничения по времени на планшете (я, правда, сильно сомневаюсь, что это по-настоящему сработало). Во всех трёх случаях мы с мужем покивали головами и вслух восхитились таким отличным идеям, хотя, естественно, сами неоднократно делали похожие предложения. Но, оказывается, когда сам доходишь до чего-то, это имеет гораздо больший вес, нежели когда тебе про это талдычат родители.

Однажды я узнала от наших друзей, с которыми мы по очереди отвозим наших сыновей в школу, что сын, оказывается, по дороге повторяет новые слова по испанскому, потому что он решил последовать совету учителей посвящать этому занятию 15 минут в день и подумал, что делать это по дороге в школу очень удобно. Потом он вдруг озаботился здоровьем и решил, что, во-первых, не обязательно завтракать вафлями с сиропом каждый день, а можно разнообразить, например, йогуртом, сырниками и тостом с авокадо. А во-вторых, заметив, что на физкультуре он выдыхается при беге за первые 60 секунд и потом плетется в конце, что значит, что у него нет возможности со всеми болтать про политику, он решил, что нужно что-то делать. Летом он вернулся к урокам по плаванию, а теперь бегает после школы несколько раз в неделю по 2-3 мили, сбросив при этом 40 фунтов (больше 18 килограммов)!

Ещё он стал более уверен в себе и своих знаниях. Однажды пришёл из школы и сообщил, что, оказывается, у него хорошо получается объяснять, как решать задачи по математике своим одноклассникам — по его словам, даже лучше, чем у учителей. И тут же стал подумывать, а не стать ли ему репетитором? Кроме того, сын стал лучше разбираться в себе. В конце каждой четверти все ученики занимаются саморефлексией, да не просто так, а даже записывают себя на видео, где рассуждают про то, что им особенно удалось в этой четверти и почему, а над чем ещё нужно поработать, и что помешало им достичь своих целей. Работа над такими видео не только заставляет учеников задуматься над своими успехами, неудачами и целями, но и является отличной тренировкой выступать перед аудиторией: у сына, например, разница между прошлогодними видео, где он часто говорит не в камеру и запинается, и видео этого года, где он чувствует себя гораздо увереннее и даже шутит, налицо.

Ну, а главное, тот факт, что мы сняли с себя большую часть ответственности за обучение сына, в результате привело к улучшению наших с ним отношений. Он даже сам это отметил. Мы с мужем больше не считаем нужным следить, сделано домашнее задание или нет, сколько времени сын провел на планшете, в какое время он лёг спать и так далее (ну, иногда, конечно, всё-таки приходится, но...) Как нам это удалось? Во-первых, мы этого хотели, но хотеть мало – очень сложно просто отпустить. Наверное, мы поняли, что чем больше мы вмешиваемся, тем выше наше собственное чувство тревожности, которое автоматически передается сыну. Поэтому мы пришли к выводу, что нам нужно больше времени посвящать себе и своим собственным интересам и делам, чтобы ослабить свое вмешательство в каждый аспект жизни сына и вместо этого направить свой энтузиазм в какое-то другое русло. Для мужа – этим руслом стала работа, а для меня – учёба.

Высшая школа когнитивного разнообразия в образовании «Бриджес»

Так получилось, что в школу в тот год пошел не только сын, но и я. Теоретически, выпускной у нас должен состояться тоже в один год. На протяжении последних нескольких лет, в добавок ко всем тревогам, связанным с детьми, мое собственное чувство неудовлетворенности продолжало нарастать. Скорее всего, оно сопровождалось ещё и выгоранием: несмотря на успешную карьеру в области компьютерной безопасности и невероятную поддержку компании и менеджера, я уже больше двадцати лет занималась одним и тем же делом. Да, у меня был годовой перерыв. Да, мне повезло с возможностью иметь очень гибкий график. Да, я занималась исследовательской работой, что по определению подразумевает постоянную новизну информации. Но когда ты работаешь на компанию, которая выпускает продукт для клиентов и борется за свое место на рынке с многочисленными конкурентами, ты застреваешь в рутине постоянных, неотличимых друг от друга релизов. Кроме того, работая на четверть ставки, я имела всё меньше и меньше возможности вникать в цели, которые ставила перед собой компания. А те цели, про которые мне удавалось узнать, меня абсолютно не привлекали, особенно когда они касались ажиотажа вокруг очередной «новой» технологии, вроде искусственного интеллекта, без которой ни один продукт теперь не имеет право на существование.

Короче, мне просто стало скучно заниматься тем, чем я занималась. Конечно, можно было попробовать уйти в другую компанию, что мне многие и предлагали. Но единственная компания, которая была согласна меня взять на неполную рабочую ставку и даже без всяких интервью, потому что там и так знали, кто я такая, была нашим конкурентом, и мне показалось, что менять, как говорится, шило на мыло, смысла не имело. Да, и общее выгорание дало о себе знать: делать ту же самую работу, просто в другой компании, меня абсолютно не привлекало и не вдохновляло.

Но что тогда? Я несколько лет мучилась над этим вопросом. Искала всякие возможности. Изучала. Читала. Спрашивала. Разговаривала. Думала, как связать опыт, приобретённый с детьми, с новыми начинаниями. В конце концов, я вспомнила про местную некоммерческую организацию[43], которая помогает родителям нейроотличных и дважды исключительных детей иметь дело со школами, и написала им: я хотела узнать, не нужны ли им волонтёры. Они мне довольно скоро ответили, и из списка предложенных возможностей я выбрала написание статей[44]. Пока я исследовала их сайт, я обнаружила, что двое из основателей этой организации учатся в аспирантуре под названием Высшая Школа Когнитивного Разнообразия в Образовании «Бриджес»[45] и находятся в процессе защиты докторских диссертаций. Идея возвращения к учебе мне до этого момента даже не приходила в голову, но когда я исследовала сайт школы, я

---

[43] https://www.reel2e.org
[44] https://www.reel2e.org/search?q=yekaterina
[45] https://bgs.edu

серьёзно задумалась над поступлением. Что меня в ней так привлекло? Во-первых, на тот момент это была единственная высшая школа, посвященная проблемам двойной исключительности. В других вузах имелись отдельные факультеты образования одарённых детей и образования детей с особенностями, а вот программ образования и тех и других одновременно я не нашла. Во-вторых, основателями и профессорами «Бриджес» являются эксперты в области проблем двойной исключительности, чьи книжки я читала и на чьи лекции ходила, ища помощи детям. В-третьих, в обучение в Бриджес входят такие вещи, как практические занятия и стажировка, что, я решила, поможет мне понять, как и где применить свои познания, и даст мне возможность познакомиться с влиятельными людьми в новой для меня сфере. Ну, а в-четвёртых, они разрешили мне сразу поступать на степень доктора, так как степень магистра у меня уже была, хотя и совершенно в другой области.

В общем, почему-то мне стало ясно, что мне туда нужно. Я заполнила заявление, запросила транскрипты за обе имеющиеся у меня степени из Калифорнийского

Университета в Сан-Диего, написала эссе и отправила всё это в приёмную комиссию «Бриджес». Почему-то я не сомневалась, что меня туда возьмут, и через месяц была зачислена на первый курс.

Почему я пишу про свою учёбу здесь? Потому что я считаю, что она помогает мне и детям в нескольких аспектах. Во-первых, в какой-то момент я поняла, что чем больше я вникаю в дела сына, чем больше проверяю, сделал ли он всё, что ему нужно сделать, чем больше нависаю над ним, тем больше меня охватывают тревога и переживания.

Плюс, работа зеркальных нейронов постоянно испытывается на собственном опыте: чем больше переживаю я сама, тем больше мои переживания отражаются на сыне. Увлечение своей собственной учёбой решило сразу обе эти проблемы: помогло мне отпустить дела сына и сосредоточиться на своих, что, в свою очередь, понизило мою собственную тревожность и тревожность сына. Кто-то скажет, что я просто пытаюсь спрятаться от проблем, но я не согласна. Проблемы никуда не делись, и мне всё так же приходится с ними иметь дело, зато я стала намного спокойнее к ним относиться, и они не вызывают у меня такого стресса, как раньше.

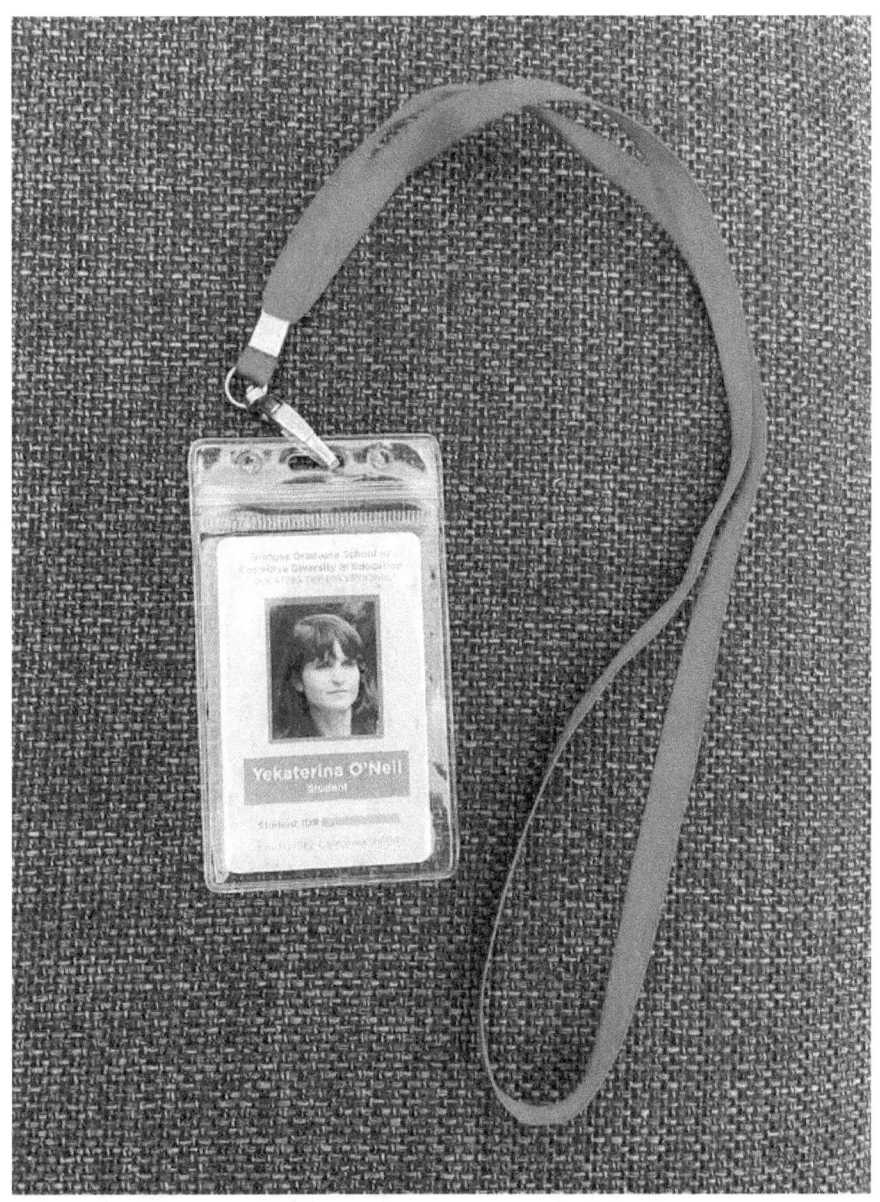

Занятие интересным делом, как оказалось, жизненно необходимо для моего собственного ментального здоровья.

Во-вторых, я продолжаю получать знания, которые мне помогают с пониманием собственных детей. Интересно, что то, что мне раньше казалось правильным интуитивно, подтверждается исследованиями в области психологии, образования и когнитивных наук. Например, мне все время казалось неправильным, что школа пыталась заставить сына, например, не бегать из угла в угол – ведь если она преуспеет в этом, это будет уже не мой сын. Но я не могла правильно сформулировать свои мысли. Теперь я знаю, что школа пыталась научить моего сына маскировке, используя принципы ABA-терапии, которая, как показывают исследования[46], приводит к травме и проблемам с ментальным здоровьем[47].

Ну, и, наконец, своей учёбой я показываю детям пример. Они видят, что мне, как и им, тоже нужно делать домашнее задание и сдавать его в срок. Они видят, что это

---

[46] https://www.tandfonline.com/doi/pdf/10.1080/23311908.2019.1641258
[47] https://www.academia.edu/35842784/Evidence_of_increased_PTSD_symptoms_in_autistics_exposed_to_applied_behavior_analysis

нормально и возможно резко поменять направление своей деятельности. Наконец, они видят, что учёба может быть увлекательной и приносить удовлетворение.

Пять условий, не подлежащих обсуждению

Кроме того, что школа «Бриджес» выступает за подход к образованию, ориентированный на сильные стороны и таланты детей – подход, формулу которого мне пришлось вывести на собственном опыте, – она ещё и проповедует необходимость создания подходящей среды для обучения, отвечающей пяти условиям, не подлежащим обсуждению[48]. Эти условия тесно связаны как с моделью иерархии потребностей и мотивации Маслоу[49], в основе которой лежат потребности человека, связанные с физиологической безопасностью, любовью и чувством принадлежности, так и с пятью формами повышенной психологической возбудимости Домбровского, про которые я уже упоминала раньше[50]. Пять условий, про которые идёт речь – это физическое, эмоциональное, социальное, интеллектуальное и творческое. Имеется в

---

[48] https://www.2enews.com/teaching-learning/non-negotiables-in-2e-friendly-environments
[49] https://psychclassics.yorku.ca/Maslow/motivation.htm
[50] Глава «Чувствительность и Повышенную Возбудимость»

виду, что для того, чтобы ребёнок мог нормально обучаться, желательно удовлетворить его потребности в этих пяти областях.

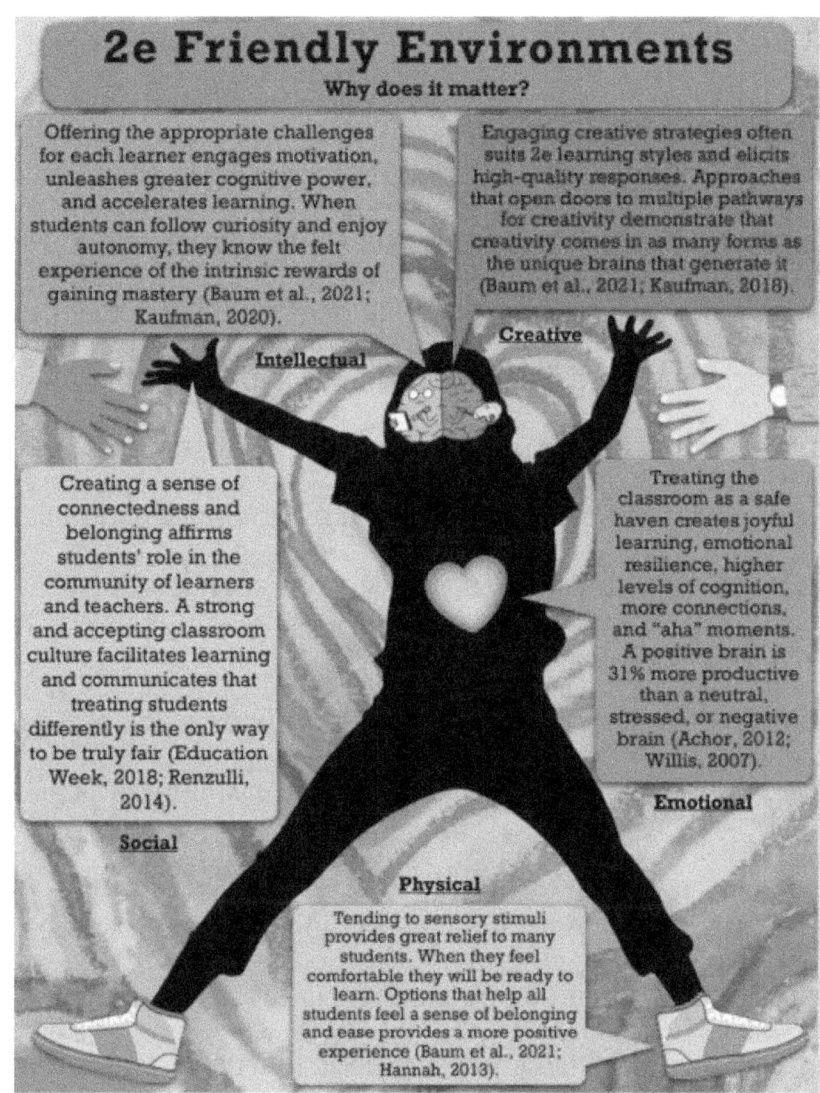

Инфографика разработана Кэтрин Перкинс, Екатериной О'Нил, Эммой Уальдспургер, Мередит Торнхилл и Чарльзом Уиллисом

Во-первых, ребёнку необходимо чувствовать себя комфортно физически. Если он голоден или не выспался, если ему слишком холодно или слишком жарко, если мешает тиканье часов или чешется шея из-за колючей бирки на одежде, если нужно не шевелясь сидеть за партой, когда мыслительный процесс требует движения, то ничего хорошего из обучения в таких условиях не выйдет, так как все силы ребёнка будут направлены на то, чтобы справиться с физическими раздражителями. Поэтому, первым делом, нужно выяснить предпочтения ребёнка и создать условия, максимально приближенные к этим предпочтениям. Да, на это может уйти какое-то время. Возможно, придется поэкспериментировать, но, поверьте, обеспечить физический комфорт – это всё-таки одна из самых простых задач, которые вам придётся решать.

Во-вторых, эмоциональное здоровье ребёнка, без которого оптимальное обучение невозможно, зависит от наличия психологически безопасной для него обстановки. Окружение ребенка должно способствовать его уверенности в себе. Ребёнку необходимо знать, что его понимают и ценят таким, какой он есть, что у него есть возможность быть услышанным, и что вместо осуждения и критики, несмотря ни на что, он всегда найдет поддержку и помощь. Ему очень важно знать, что вопреки его недостаткам и трудностям, в его жизни есть кто-то, кто в него безоговорочно верит.

В-третьих, ребенку необходимо чувствовать, что он не один. Каким бы интровертом он ни был, общение ему жизненно необходимо. Оно может выглядеть совершенно по-разному для каждого: вживую или виртуально, по интересам или интеллектуальному уровню, как параллельное или кооперативное. Какому-то ребенку достаточно просто находиться рядом с себе подобными, а какому-то необходим постоянный обмен идеями и действиями.

В-четвертых, ребёнка следует обеспечить оптимальным уровнем интеллектуальной нагрузки. Если уровень слишком низкий, ему становится скучно и неинтересно, и он отключается. Если уровень слишком высокий, ребенок отключается уже из-за перегрузки. В отличие от создания комфортных физических условий, найти оптимальный уровень интеллектуальной нагрузки очень сложно. И чем выше асинхронность развития ребёнка, тем сложнее. Но целью должно являться предоставление такого уровня, который позволяет ребенку слегка выходить за пределы своей зоны комфорта, так как именно при таких условиях и происходит настоящий рывок в приобретении знаний и навыков.

Ну, и, наконец, в-пятых, у ребёнка должна быть возможность проявлять себя творчески. И это не значит, что ему обязательно нужно рисовать, лепить из глины, сочинять музыку или развивать свои актерские способности. Творчество не значит искусство. Творить можно в очень разных областях. Творить означает создавать. Поэтому, всё, что придумано самим ребёнком – идея, формула, игра, решение задачи, написание эссе, запись видео, продюсирование подкаста, исследование интересующей темы – это и есть его творчество. И не важно, как оно выглядит, в чём выражается и на каком уровне сделано – главное, что идея и исполнение исходят от самого ребёнка, и он получает наслаждение, создавая что-то новое.

Несмотря на то, что эти пять условий считаются необходимыми для создания оптимальной среды обучения для детей с двойной исключительностью, я уверена, что они одинаково важны для всех детей и даже взрослых. Ведь чтобы быть наиболее продуктивным на рабочем месте, человеку точно также нужна возможность удовлетворять свои физические, эмоциональные, социальные, интеллектуальные и творческие потребности. Кроме того, начинать нужно именно с физических, эмоциональных и социальных, потому что они являются базой, без которой удовлетворение интеллектуальных и творческих потребностей не имеет смысла.

Нестандартная школа сына как раз предоставляет ему эту базу. Она поддерживает его физические предпочтения, безоговорочно разрешая использовать шумоподавляющие наушники и двигаться во время мыслительной работы. Она создаёт психологически безопасное пространство, которое способствует его эмоциональному состоянию, принимая его таким, какой он есть и поддерживая его во всех его начинаниях. Она предлагает возможность общения с себе подобными сверстниками и менторами, одновременно не вынуждая сына к общению. Она даёт свободу выбора и положительно относится к любым способам самовыражения (естественно, в пределах разумного). И хотя, возможно, уровень интеллектуальной нагрузки не обязательно всегда соответствует способностям сына, удовлетворение всех других его потребностей в последние пару лет являлось для нас приоритетом.

Учитывая период относительной стабильности и спокойствия последних нескольких лет, казалось бы, самое время поставить точку и завершить это повествование. Но совесть не позволяет – ведь у нас есть ещё дочь. Такая же глубоко одаренная и во многом похожая на сына, но и, в то же время, со своими уникальными особенностями. Так что пора переходить ко второй части нашей истории.

Творческая натура

Когда сын столкнулся со сложностями в школе, что, в конце концов, привело к его переходу на домашнее обучение, я сказала себе, что ни за что не буду ждать, пока такие же проблемы возникнут с дочкой — ведь мы теперь люди учёные и быстрее разберемся, что к чему. Однако, опыт показал, что не всё так просто.

Когда родилась наша дочь, сыну было три с половиной года. К тому времени он наизусть рассказывал всего Чуковского, не говоря уже о Джулии Дональдсон, читал по-русски, проявлял чудеса усидчивости, занимаясь интересными ему делами, такими как наклейки и письмо, и начинал интересоваться планетами, динозаврами и другими научными темами. Наш сын был единственным ребёнком, с которым мы были хорошо знакомы, а, значит, и единственной системой отсчёта, относительно которой мы могли делать какие-либо выводы о нашем втором ребенке.

Первое настоящее слово сын произнёс месяцев в шесть. В год разговаривал на своем языке, где, например, «кая» означало «каша», в восемнадцать месяцев стал очень чётко произносить слова, начиная с «печенька», а к двум годам говорил короткими предложениями. Это по-русски, хотя английский был в семье с самого начала – он всё понимал, но говорить по-английски у него привычки не было. Заговорил по-английски он в три года, когда его первый раз оставили на несколько дней у англоязычной бабушки.

Ничего похожего с дочкой у нас не наблюдалось. После того, как она очень хорошо сказала своё первое слово «зайчик» месяцев в одиннадцать, она замолчала до двух лет. Правда, в два она сразу стала говорить предложениями. Особой усидчивости у неё не наблюдалось, книжки читать она не любила, и пристрастия к науке не имела. Зато проявляла упрямство и самостоятельность с раннего возраста. Так как школа у сына начиналась раньше, чем садик у дочки, в школу сына водила я, а в садик дочку – муж. То есть, дочь утром была на его попечении. Она ни разу не одела то, что я ей приготовила из одежды на утро. Вместо этого она сама себе выбирала наряды из стильных сочетаний всевозможных предметов одежды. Кроме того, в отличие от всех остальных членов семьи, она была ярко выраженным экстравертом и могла заводить знакомства с любым встречным. Мы даже подумывали, а не подменили ль нам ребенка, случайно, в роддоме? Правда, учитывая, ее разительное сходство со мной в младенческом возрасте, нам всё-таки пришлось её признать.

До дочки, в комнатах у нас были чистота и порядок, игрушки и стены находились в девственном состоянии, а на заднем сидении машины было невозможно найти ни одной крошки. Творческая же, как впоследствии стало понятно, натура дочери была не в состоянии смириться с таким устоявшимся мироустройством и жаждала привнести в него изменения. Кубики нужно было немедленно разрисовать несмывающимся фломастером, и стены тоже. Запчасти от игрушек потерять, йогурт пролить на все имеющиеся сиденья во всех имеющихся машинах, а фантики от конфет просто необходимо было бросать прямо там, где эти конфеты были раскрыты и поглощены – ну, а как иначе?

При этом ещё нужно было сочинять невероятные ответы на вопросы, типа «а что же тут произошло» и, например, с пеной у рта доказывать, что она-таки спала в палатке на траве перед домом, потому что было очень жарко, хотя этого, естественно, и в помине не было. Так что оказалось, что помимо творческой натуры, наша дочь была наделена ещё и ярким воображением.

Я не помню, чтобы мы сына обучали буквам и цифрам – просто в какой-то момент оказалось, что он их знает. А вот с дочерью было всё как раз наоборот. Я помню, как мы подолгу бились, стараясь донести до неё, что это цифра «1», а это – «2». Через пять минут мы пытались повторить, а она уже ничего не помнила и, показывая на «2» говорила «один», а на «1» – «два». Потом позже, когда мы всё-таки одолели десять цифр, она могла, например, «35» считать «пятьюдесятью тремя», что, как вы понимаете, приводило к проблемам с арифметикой. Да, и таблицу умножения она не знает до сих пор, хотя и над ней мы, естественно, бились годами, а вычисления производит каким-то своим непонятным мне образом, который занимает кучу времени, но часто приводит к правильному результату.

С буквами было ещё сложнее – ведь их ещё больше, чем цифр. Кстати, дочка до сих пор не может рассказать русский алфавит по порядку, а английский знает только из-за песенки. Она не могла запомнить названия дней недели и месяцев, а, тем более, перечислять их по порядку. Она путала вчера и завтра. Не уверена, что она и сейчас знает, сколько дней в году. И только недавно начала распознавать, какой месяц относится к какому времени года. Тут, конечно, проживание в Калифорнии не очень помогает понять, что сейчас зима, когда на улице 25 градусов тепла.

Плюс, во время еды у неё всё сыпется на пол и проливается на стол, а сама она чем-нибудь захлёбывается практически при каждой трапезе.

Зато спроси дочь, кто, в чём был одет на вечеринке, что происходило во время какого-нибудь нашего путешествия несколько лет назад или как герой очередного полюбившегося ей мультфильма относится к другому герою, тут ей нет равных.

Короче, для меня дочь долго оставалась загадкой (да, в общем, и продолжает ею быть). На первый взгляд, казалось, что у нас, наконец, появился обыкновенный ребёнок. И уж какая тут одарённость?

Двуязычие

В школу дочка пошла в тот год, когда сын из неё ушёл. Интересно, что несмотря на то, что это была обычная государственная школа, попасть в неё можно было только по лотерее. Сын выиграл лотерею, когда мы его отдавали в школу, а дочке давался приоритет, как сестре учащегося. Мы дождались, пока её официально запишут в подготовительный класс и только тогда выписали сына из школы.

Зачем мы её отдали в школу? Ну, потому что нам казалось, что она совсем не такая, как сын, и что школа, возможно, пойдет ей на пользу. Единственное, чего я боялась, так это то, что она сама не захочет туда ходить, учитывая, что брат дома. Но этот факт её, как оказалось, совершенно не тревожил. Она без проблем туда ходила, общалась с одноклассниками, ходила на их дни рождения, и ничто не предвещало каких-либо проблем.

Ну, разве что, меня продолжал волновать вопрос ее неспособности запоминать факты, а потом добавились ещё и волнения по поводу чтения и письма. Как ни странно, читать дочка, вроде, читала. И даже на обоих языках. По-английски, скорее, лучше, чем по-русски. Мне было непонятно, это из-за недостаточных занятий русским или слишком интенсивного погружения в английский? И тут, наверное, пора сделать небольшое отступление про двуязычие.

Напомню, что живём мы в Калифорнии, где дети и родились, и папа у них американец. Сама я приехала в Соединенные Штаты, когда мне было 16 лет и заканчивала тут последние два года школы (могу потом как-нибудь отдельно написать про свои приключения со сдачей вступительных стандартизированных экзаменов), после чего училась в университете в Сан-Диего, где мы с мужем и познакомились. Муж мой, пытаясь произвести на меня впечатление, в университете год учил русский язык (и у него есть, что сказать по поводу того, как непросто перевести на русский язык глагол "go"), а уже после окончания университета провел три недели на интенсивных курсах русского языка в Санкт-Петербурге – том, который в России, а не во Флориде – и даже сам ездил там на метро на занятия. Короче, ему пришлось погрузиться в русскоязычную среду и с удивлением обнаружить, что варенье и сметану можно есть просто ложкой, а яичницу – на ужин, а не на завтрак, воду можно пить безо льда, что без супа обед – не обед, и что настоящая еда начинается только после праздничных салатов, фаршированных яиц, блинов с икрой и прочих закусок. (Почему-то все стереотипы получились про еду, что, видимо, тоже является стереотипом).

К чему это я? Да, к тому, что мой американский муж всегда поддерживал мою принадлежность к русскоговорящему сообществу. Поэтому, когда дело коснулось детей, вопрос воспитывать их двуязычными или нет не стоял. Проведя научное исследование и изучив книжку[51] про двуязычие, мы выяснили, что для того, чтобы вырастить детей, говорящих на двух языках, их достаточно погрузить в основной язык окружающей среды (то есть, английский) только на 20%, а 80% уделять второстепенному (то есть, русскому). Именно так мы и поступили к неодобрению некоторых англоязычных

---

[51] https://www.amazon.com/Bilingual-Edge-Teach-Second-Language/dp/0061246565?tag=katrinaoneil-20

родственников. Я с детьми всегда разговаривала и продолжаю только по-русски. Книжки я читала им только по-русски – даже те, что были написаны по-английски я синхронно переводила на русский при чтении. Мультики, фильмы, спектакли мы смотрели на русском. Оба ходили в двуязычный детский садик. Парикмахер, детский и зубной врач у них русскоязычные. Потом оба ходили на дополнительные занятия не только по русскому языку, но, главное, на русском языке, включая изобразительное искусство, цифровую анимацию, историю, науку, театр и прочее. Сын, в конце концов, даже сдал экзамен и получил награду за двойную грамотность (это тоже отдельная история), так как говорит и читает по-русски он свободно и даже для удовольствия (пишет с ошибками, но я и этим довольна).

Принимая во внимание свой личный опыт и опыт многочисленных друзей, мне было важно научить детей читать по-русски до того, как они пойдут в школу, так как большая часть детей, попадая в англоязычную среду, русский теряет очень быстро. С сыном это удалось. С дочкой – почти. Если я правильно помню, читать по-русски она начала уже учась в американской школе. Но до чтения по-русски для удовольствия так и не дошло, за исключением комиксов.

Как я уже сказала, читать по-английски ей было проще. Хотя читая на любом языке, она очень часто пропускала слова или целые строчки, а иногда вообще заменяла одно слово на другое. Потом вдруг могла начать читать справа налево. Читать по-русски ей было тяжело всегда: она неправильно читала большую часть окончаний. С письмом тоже было много проблем как на русском, так и на английском. Отличить русскую «И» от английской "N" она не могла. Буквы без конца переворачивала: все эти «я», "p," "q," "b," "d" писались то в одну сторону, то в другую. Даже своё имя дочка писала каждый раз по-разному. Зато однажды выяснилось, что она может читать книжки вверх ногами.

Вы спросите, почему я не начала бить тревогу? Ну, как же, начала. Ходила разговаривать с учительницей про то, что волнуюсь, что дочка переворачивает буквы. Но она меня уверяла, что это у всех так (хотя сын никогда ничего не переворачивал) и что это пройдёт с возрастом. Я ей говорила, что дочка неправильно читает слова, а она мне, что дочка без проблем читает книжки, которые она никогда раньше не видела и понимает всё, что в них происходит. Но если она будет продолжать переворачивать буквы к третьему классу, вот тогда нужно будет что-то делать. Ну, мы и ждали третьего класса.

Тем временем, IQ сына позволил ему вступить в организацию, которая проводит семейные лагеря для одарённых детей. И только чтобы можно было взять дочку с собой, мы решили протестировать и её тоже. Оказалось, что ее общий IQ ещё выше, чем у сына – просто она показала более ровные результаты в разных разделах теста по сравнению с ним. Впоследствии мы узнали, что ничего удивительного в этом не было – хотя тогда мы очень даже удивились, – потому что по результатам исследований[52] разница IQ у братьев и сестер обычно не больше, чем в 10 очков.

---

[52] https://files.eric.ed.gov/fulltext/ED428473.pdf

Одарённые девочки

Моя дочь – второй ребенок в семье, что тоже несет за собой определенные последствия, – является классическим примером того, как её девочковость маскирует её трудности, а её трудности маскируют её сильные стороны. В результате получаем ребёнка, который выглядит средненьким учеником: и не блещет, и не отстаёт.

Одарённые и дважды-исключительные девочки[53] часто встречаются с еще большими сложностями, чем одарённые и дважды-исключительные мальчики. Во-первых, до сих пор существуют определённые предрассудки, связанные с гендером, когда многие (часто просто подсознательно) считают, что мальчики хороши в точных науках, а девочки в гуманитарных. Не говоря уже о том, какое поведение считается обществом «правильным» для девочек, а какое для мальчиков. Девочки, увы, чаще встречаются с неодобрением поведения, которое считается агрессивным, назойливым,

---

[53] https://www.davidsongifted.org/gifted-blog/gifted-girls/

неженственным или невежливым. Поэтому часто познания и достижения девочек, особенно в точных науках, не ценятся и не осознаются настолько, насколько они ценятся и осознаются у мальчиков, что не ускользает от внимания одаренных девочек. Конечно, обратная проблема – проблема нетипичных мальчиков – тоже имеет место быть.

В целом, попадая в школу, одаренные девочки сильнее подвергаются социальному давлению, что приводит к изменению их поведения и видимых предпочтений. В отличие от мальчиков (естественно, мальчики тоже бывают разные, но мы говорим об общих тенденциях), у девочек потребность в признании и нежелании выделяться проявляется острее, поэтому большее число девочек перестают быть самими собой и прячут свои настоящие предпочтения и способности. Кроме того, будучи более покладистыми, девочки лучше прячут не только свои сильные стороны, но и трудности, с которыми они сталкиваются, в то время как у мальчиков они чаще выливаются в гораздо более заметные поведенческие проблемы, которые учителя вынуждены решать. Именно поэтому мальчиков чаще диагностируют, чем девочек, в то время как сильные и слабые стороны девочек чаще остаются вне поля зрения, что приводит к большим проблемам с ментальным здоровьем.

Помню, как на первой встрече с родителями в подготовительном классе, учительница немного ошарашенно рассказывала нам, что когда она задала детям писать инструкцию для выполнения какого-то действия, вместо пошагового описания того, как намазать бутерброд (выбор большинства учеников), дочка писала про то, как изобразить узор – нетипичное, прямо скажем, решение. Помню также, как в начале первого класса дочка жаловалась, что больше хочет играть с мальчишками, потому что их игры интереснее – они играют в супергероев, но что потом девчонки не берут её в свои игры, потому что она играет с мальчишками. А к концу первого класса она уже докладывала, как нужно «правильно» по словам учительницы вести себя: не разговаривать с подружками во время перекуса на переменках и ходить строем в столовую за пиццей. А однажды дочка мне рассказала, как учительница велела им всем классом пристыдить одну из учениц, сообщив ей хором, что она потратила их драгоценное время, делая не то, что нужно. Вот тут, наконец, я решила, что пора и второго ребёнка забирать из школы, хотя на протяжении двух лет продолжала в этом сомневаться. Я не хотела дожидаться того, чтобы дочка замкнулась в себе и перестала быть собой. Кроме того, она и сама начала жаловаться, что ей стало скучно в школе.

Должна сказать, что несмотря на то, что переход на домашнее обучение несомненно избавил нас от многих проблем, а некоторые из них, думаю, в принципе предотвратил, избежать всех сложностей невозможно. Особенно, когда твой старший брат – эксперт по науке, и ты подсознательно сравниваешь себя с ним[54]. Мне кажется именно поэтому дочь и слушать не хочет ни про какую науку, хотя будучи маленькой обожала всякие эксперименты, раскопки и даже собиралась становиться археологом. При слове же математика, с которой дочка связывает в основном арифметику (напомню, что у нее огромные проблемы с запоминанием таблицы умножения

---

[54] https://www.reel2e.org/post/in-the-shadow-of-a-sibling

и стандартных алгоритмов вычисления), она вообще входит в ступор, хотя логические и визуальные задачи решает быстрее и более нестандартным путём, чем я. Мы с мужем пытаемся донести до обоих, что у всех людей свои сильные и слабые стороны и что вместо того, чтобы сравнивать себя с другими, нужно сравнивать себя с собой и праздновать свой собственный рост. В конце концов, всегда есть кто-то лучше тебя в любом предмете или области, даже если ты сам в них силен, и это нормально. Нужно стремиться принимать себя такими, какие мы есть.

То, что дочке помогло больше всего, так это определение

ее собственных сильных сторон. У неё они выражаются в художественно- творческих способностях. Она, как и многие дети, с раннего возраста любила рисовать, но годам к шести нам вдруг показалось, что у неё по-настоящему получается. Поэтому мы её записали на официальные классы по рисованию. Прогресс был потрясающий, хотя вскоре нам пришлось эти классы бросить, так как дочь стала наотрез отказываться туда ходить, а потом вообще перестала рисовать даже для себя. Видимо, подход учительницы по рисованию совсем для неё не работал, но как только мы бросили классы, дочка вернулась к рисованию самостоятельно.

С тех пор она занималась с несколькими учителями и в дистанционном, и в очном режиме, а сейчас много рисует просто сама. Осваивает разные техники: от акрила, акварели, фломастеров, карандашей и чернил до цифровой анимации и оформления театральных декораций. Кроме того, она любит придумывать и мастерить. Уже два года шьет себе костюмы на Хэллоуин. Умеет лепить, валять, мраморировать, делать тай-дай. Потом вдруг сама научилась вязать крючком. В общем, всегда может найти отдушину своему воображению.

И немудрено. Ведь как раз такими вот визуально-пространственными способностями обладают дислексики. А наша дочь, как подтвердилось в третьем классе, принадлежит именно к этому нейротипу.

Опять тесты

Перейдя на домашнее обучение со вторым ребёнком, мы, как и с первым, решили присоединиться к чартерной школе, так как подозревали, что нам будут нужны бесплатные государственные сервисы и с ней тоже.

С дочкой на домашнее обучение мы ушли после первого класса. Вообще-то мы даже пытались с ней попасть в частную школу, которая была направлена, как нам показалось, на творческих детей. Когда мы ходили смотреть на школу, дочке там жутко понравилось. Особенно огромная лужа посреди тенистого двора, в которую дети прыгали на переменке чуть ли не с тарзанкой, привязанной к большому раскидистому дубу, росшему рядом. Однако в ту школу её не взяли, поэтому мы решили учиться дома. На следующий год, когда школа предложила нам попробовать подать туда заявление еще раз, дочка категорически отказалась, будучи совершенно счастлива на домашнем обучении.

Однако, даже на домашнем обучении сложности с чтением и письмом никуда не девались. Так мы и дождались третьего класса, не раньше которого нам велели проходить диагностику, в случае если проблемы будут продолжаться.

A. Write a **proper noun** for each **common noun**. (2.5)

1. town or city — San Francisco
2. road — Clover Lane
3. ocean — Atlantic Ocean
4. continent — Antarctica
5. desert — Sahara Desert
6. river — Hushen River
7. country — China
8. state — Texas

B. Rewrite these sentences using correct **capitalization**. (2.3, 2.4, & 2.5)

1. my cousin nicholas lives on buttercup lane.
   My cousin Nicholas lives on Buttercup Lane.
2. dr. benson is our neighbor.
   Dr. Benson is our Neighbor.
3. brenna moved to texas.
   Brenna moved to Texas.
4. ashley graduated from bradley university in illinois.
   Ashley graduated from Bradley University in Illinois.
5. annie has a pen pal in new york.
   Annie has a pen pal in New York.
6. uncle carl is taking us fishing at the white river.
   Uncle Carl is taking us fishing at the White River.

Начали мы обратившись к нашему куратору, которая передала запрос психологу и специалисту по обучению детей с особыми образовательными потребностями. Так как дело было в разгар пандемии, всё тестирование происходило в дистанционном режиме. Дочке пришлось пройти кучу тестов с разными специалистами, а нам – ждать несколько месяцев, пока доклад с результатами не попадет, наконец, нам в руки.

Когнитивные способности дочери продолжали быть очень высокими и соответствовали результатам теста на IQ двухлетней давности. Всё, что касалось логических рассуждений и нахождения последовательностей, шаблонов и связей оценивалось в пределах 99% и выше. Способность восприятия на слух и устного пересказа деталей истории тоже была очень высокой – 97%. Словарный запас – не супер, но тоже 87%. А вот, например, общий объём знаний – только 42%

В смысле чтения результаты варьировались от 99% за чтение про себя и пересказ прочитанного до 68% за попытки прочитать новые слова вслух (вернее, не слова, а последовательности букв, которые не являются словами).

Дальше шли результаты, связанные с письмом. Составление и написание предложений – 55%, скорость письма – 27%, правописание и орфография – 14%. Ну, и, наконец, математика, где разница между результатами отдельных разделов была в 93%: 99% за решение логических задач, 90% за решение арифметических примеров при неограниченном времени, 75% за решение задач, где условия выражались словами и, наконец, 6% за решение арифметических примеров на скорость. Если присмотреться к этим результатам, то можно заметить кое-какие закономерности. Ну, например, что с логикой у дочери всё в порядке и даже более чем. Тот факт, что оценка словарного запаса более низкая вполне объясняется сложностями с чтением – ведь словарный запас тесно связан с количеством прочитанного. Те же сложности влияют и на общий объём знаний, так как большое количество информации человек получает из книг, статей и блогов. А если у тебя ещё и сложности с запоминанием несвязанных друг с другом фактов, то тебе тем более нелегко приобретать знания.

С письмом похожая ситуация: чем больше читаешь, тем больше слова мелькают перед глазами и тем лучше запоминаешь их правописание. Вы спросите, а как же тогда объяснить такие высокие результаты в пересказе прочитанного? А вот это уже связано с одаренностью. Одарённые дети могут компенсировать сложности с чтением другими способностями и великолепно понимать прочитанное даже в том случае, когда они неправильно читают отдельные слова: они могут догадываться о том, что происходит по смыслу или просто по картинкам.

Результаты по математике тоже понятны. Задачи, в которых не нужно использовать базовые факты, которые обычно заставляют учеников просто запомнить (сложение, вычитание, умножение и деление в пределах от десяти до ста, в зависимости от операции), дочь решала без проблем, используя свои интеллектуальные способности. С решением арифметических примеров при неограниченном времени тоже справлялась. Задачи, где условие нужно было прочитать – и тут уже не всегда можно догадаться по смыслу или картинкам, что имелось в виду – вызывали затруднения. Ну, а арифметика на скорость, когда ты компенсируешь, например, тем, что считаешь на пальцах, это, понятное дело, уже совсем тяжело.

Получив доклад с результатами, мы, так же, как и с сыном, были наивно уверены, что теперь нам, наконец, помогут. Ведь есть же способы обучения дислексиков, и, значит, нам дадут такого специалиста, который будет работать с дочерью. Каково же было наше удивление, когда нам сообщили, что результаты тестирование не показывают, что нашей дочери необходима какая-либо помощь. Честно говоря, я не могла в это поверить! На мои попытки указать на 14-процентный результат по правописанию и орфографии и 6-процентный результат по решению арифметических примеров на скорость, не говоря уже о том, что будучи глубоко одарённой, дочь должна была бы показывать лучшие результаты по всем предметам, что значит, что что-то ей в этом препятствует, мне возразили, что правописание и арифметика на скорость не входят в число академических критериев необходимости в сервисах. На мой вопрос, а что же тогда входит в эти критерии, мне ответили, что понимание прочитанного текста. А так как у нашей дочери с этим проблем нет, то и помощь ей не нужна. Я была настолько зла! Давайте, думала я саркастически, подождём ещё немного — ведь пока что мы ждали всего три года, чтобы её протестировали. Потерпим еще чуток, чтобы дочь из средненького ученика превратилась в отстающего, а тогда, глядишь, и помощь получим.

Теперь, учась в аспирантуре и исследуя проблемы когнитивного разнообразия и образования, я точно знаю, что отказ в помощи был незаконным. Министерству Образования задавали конкретный вопрос про то, полагается ли помощь ученикам, у которых сложности в определенных сферах, но которые теоретически не отстают в школе, и получили конкретный ответ: предоставление помощи не должно зависеть от того, отстаёт ученик или нет — она должна быть предоставлена, если есть особенности в обучении. Эта переписка существует в письменном виде. Но тогда я этого не знала.

Опять ни с чем

Что же было дальше? А дальше мы решили обратиться к нашему частному психологу, с которым мы работали уже несколько лет. Посмотрев на результаты тестирования, проведенные нашей чартерной школой, она немного удивилась, обнаружив, что кучи тестов просто не было сделано, и решила проводить своё собственное тестирование. На это ушло еще некоторое количество времени. Очень много тестов были связаны с фонетикой, но пандемия не позволяла проводить тестирование очно. Поэтому мы с дочкой подключались к зуму, психолог давала нам указания, что делать – например, какой текст читать вслух или что произносить, – дочка это выполняла, а я записывала ее на аудио с лучшим, чем в зуме качеством звука, посылала психологу, а она уже делала свои выводы.

В конце концов, мы получили доклад с результатами и интерпретацией не только результатов тестов, проведенных ею, но и тех, что проводила школа. Результаты тестирования фонологической обработки показали, что дочка совсем не умеет разбивать как слова, так и просто последовательности звуков, которые не являются словами, на фонемы – в обоих случаях ее результат был 1%.

Её возможности складывать звуки в слова были оценены в 5% (интересно, что складывать звуки в последовательности, которые не являются словами, ей оказалось гораздо проще – 63%, – потому что для этого просто нужно было концентрироваться на самих звуках, а не на словах, которые хранятся в памяти). Повторять последовательности звуков, не являющихся словами, ей тоже оказалось непросто – 25%.

Интересно, что несмотря на то, что результаты понимания прочитанного про себя текста, которые дочка показала на тесте, проведённом школой, если помните, были очень высокие – 97% на одном и 99% на другом, – ее результаты на тесте, проведённом психологом, были очень противоречивыми в независимости от сложности текста. Например, она получила D (то есть, двойку) за понимание текста уровня первого-третьего классов, но при этом получила A (то есть, пятёрку) за понимание трех разных текстов, рассчитанных соответственно на четвертый-пятый, шестой-девятый и двенадцатый классы. Психолог объясняла этот феномен, во-первых, флуктуацией внимания. А во-вторых, тем фактом, что в тестах, проводимых школой, можно было возвращаться назад к тексту, отвечая на вопросы, в то время как в тесте, проводимом психологом, этого делать было нельзя.

Короче говоря, психолог поставила дочке сразу несколько диагнозов, включая скрытую дислексию (скрытую потому что дочка компенсирует трудности своими интеллектуальными способностями), дисграфию (сложности с письмом), нарушение беглости математических вычислений, а также нарушение обработки визуальной и слуховой информации.

Как и несколько лет назад, когда мы это уже проходили с сыном, мы «отправились» (теперь, правда, виртуально) назад в школу, вооружившись новыми знаниями. Мы заново пообщались с членами комиссии, которая решает, что делать с детьми с особыми образовательными потребностями, и, как и в прошлый раз остались ни с чем. Нам сказали, что, да, конечно, у дочери дислексия, но помощь ей всё равно не нужна, так как она со всем прекрасно справляется. Зато нам намекнули, что, наверное, не стоит заниматься вторым языком, чтобы не добавлять сложностей.

Я была в шоке! Во-первых, потому что поняла, что мне самой опять придётся всё изучать, только теперь про дислексию. А во-вторых, из-за намека на отрицательное влияния двуязычия. Как можно перестать заниматься русским языком, когда мы столько усилий уже приложили к тому, чтобы оба ребёнка могли и говорить, и читать, и, в какой-то мере, писать по-русски???!!! Кроме того, я была интуитивно уверена, что знание русского языка и умение читать по-русски как раз помогло дочери научиться читать по-английски. Русский язык гораздо более фонетический язык, чем английский: в отличие от английского, в котором, как я теперь знаю, занимаясь с дочерью по учебникам орфографии и правописания для дислексиков, даже самая простая, казалось бы, буква «а» может произноситься тремя разными способами – «э», «эй» и «а» (про другие я вообще молчу), – в русском «а» произносится, как «а». Конечно, есть нюансы, например, с ударными и безударными гласными, но в целом каждая буква произносится только одним способом. Поэтому, чтобы научиться читать по-русски, нужно знать, как произносить каждую букву и уметь соединять их сначала в слоги, а потом слоги в слова.

Ведь именно так и учатся читать по-русски. По-английски же здесь учат читать целыми словами – по крайней мере, так учили мою дочь, – и мне совершенно непонятно, как человек может научиться читать незнакомые ему слова таким способом. Именно поэтому я и считаю, что умение читать по-русски очень сильно помогло дочери.

Впоследствие, исследуя этот вопрос будучи уже студенткой, занимающейся когнитивным разнообразием в образовании, я убедилась в своей правоте. Научные исследования показывают, что хотя многое зависит от особенностей взаимодействующих языков[55], в целом двуязычие не оказывает отрицательного влияние на

---

[55] https://files.eric.ed.gov/fulltext/EJ906433.pdf

ребёнка с дислексией[56], а, скорее, наоборот[57]. Однако, нужно помнить, что если есть сложности с одним языком, то, вероятно, будут сложности и с другим.

---

[56] https://www.mdpi.com/2226-471X/6/1/39
[57] https://www.researchgate.net/publication/323803747_Inflectional_morphology_evidence_for_an_advantage_of_bilingualism_in_dyslexia

Дислексия

Когда я поняла, что в очередной раз разбираться с тем, как помочь своему ребенку, мне придётся самой, первым делом я решила выяснить, что же такое дислексия в принципе и как к ней подступиться, учитывая два языка в семье.

Честно говоря, мои исследования вначале привели меня в тупик, потому что, согласно Армстронгу[58], дислексия — это проблема слуховой обработки информации, тогда как согласно Шнепсу[59], дислексия вызывает трудности в управлении зрительным вниманием, что на самом деле приводит к преимуществу — более высокой чувствительности к «вещам, находящимся не на своем месте». Так что же такое дислексия, думала я, нарушения обработки визуальной и слуховой информации или что-то ещё?

---

[58] https://www.amazon.com/Power-Neurodiversity-Unleashing-Advantages-Differently/dp/0738215244?tag=katrinaoneil-20

[59] https://www.scientificamerican.com/article/the-advantages-of-dyslexia/

Я даже начала сомневаться, что у дочери действительно дислексия. Может, у неё просто трудности, которые не связаны с тем, как мозг обрабатывает информацию? Я постоянно возвращалась к этому вопросу из-за своего предыдущего опыта с сыном. Дело в том, что некоторые люди, которые с ним общались, соглашались, что он в спектре, в то время как другие считали, что его одержимость определенными областями просто следствие его одаренности. Меня одолевали похожие сомнения и с диагнозом дочери, особенно после того, как школа посчитала, что ей не требуется дополнительная помощь. Мне стало даже неудобно настаивать на предоставлении ей услуг: вдруг они и правда ей не нужны – ведь читать-то она как-то всё-таки умеет?

Более того, учитывая, что у дочери также были диагнозы нарушения обработки визуальной и слуховой информации, некоторые специалисты считали, что зрительная терапия может всё исправить. А если можно исправить, значит, это не дислексия, так?

Вот с этого мы и решили начать – со зрительной терапии. После первого обследования было установлено, что у дочери проблемы с конвергенцией: то есть, глаза неэффективно работают вместе, когда смотрят на объекты вблизи. Симптомами недостаточной конвергенции являются, например, диплопия (двойное зрение), расплывчатое зрение, пропуск слов и целых строчек при чтении и т.д. То есть, как раз то, что мы наблюдали у дочери. Плюс, оказалось, что ей сложно понять, например, находится трёхмерное изображение перед или за вертикальной плоскостью, на которой ей нужно фокусироваться. Нам сказали, что всё можно исправить за 40 получасовых сеансов зрительной терапии, если при этом каждый день делать упражнения еще и дома. И мы начали.

Сами сессии терапии проводили ассистенты доктора. После каждых 10 сеансов дочку тестировали, чтобы оценить прогресс. И, вроде, всё шло по плану. Но читать и писать почему-то легче не становилось. Наконец, после 40 сеансов, доктор провёл очередное тестирование и остался сильно озадачен, так как несмотря на то, что заметки ассистентов говорили о том, что сдвиги огромны, никаких сдвигов в лучшую сторону сам доктор не обнаружил. К счастью, он оказался одним из тех людей, для кого наша дочь стала загадкой, которую он любой ценой решил разгадать. В конце концов, он понял, что дочь, опять-таки, опираясь на свои интеллектуальные способности, просто научилась «одурачивать» терапистов, отвечая на вопросы так, как они хотели, чтобы она отвечала.

Например, она просто запоминала последовательности букв, которые ей показывали, и отвечала по памяти, не используя зрение. То есть её правильные ответы не указывали на прогресс в самой терапии. Когда доктор это обнаружил, он предложил нам проводить сессии терапии лично, да, ещё и бесплатно. От такого предложения мы, конечно, отказаться не могли и еще целый год проходили на занятия. Но, увы, совершенно безрезультатно.

Наверное, это фиаско со зрительной терапией и оказалось, наконец, тем, что меня убедило, что дислексия у дочери имеет место быть. Вообще, я пришла к выводу, что, может, это даже и не так важно, чем конкретно вызваны ее трудности — главное, что они есть, и помощь ей нужна.

Ну, а вообще, дислексия — это особенность в развитии, строении и функционировании мозга, которая проявляется при кодировании звуков в знаки и наоборот декодировании знаков в звуки. Интересно, что исследования[60], упомянутые в одной[61] из самых влиятельных книг о дислексии, говорят о том, что в то время как мозг аутиста характеризуется большим количеством локальных связей (что, пожалуй, объясняет фиксацию на деталях и трудности с видением общей картины), мозг дислексика является полной противоположностью — у дислексиков гораздо больше дальнодействующих связей. Возможно, именно поэтому повторяющиеся автоматические задачи, такие как чтение и таблица умножения, вызывают у них столько трудностей, в то время как с видением общей картины проблемы отсутствуют. Иногда мне кажется, что мои дети

---

[60] https://doi.org/10.1016/j.mehy.2009.08.003
[61] https://www.amazon.com/Dyslexic-Advantage-Revised-Updated-Unlocking/dp/0593472233?tag=katrinaoneil-20

могли бы отлично работать в паре и компенсировать сложности одного сильными сторонами другого.

Несмотря на то, что разница между строением мозга дислексиков и аутистов существует, полагаться на результаты сканирования головного мозга для диагностики я бы пока что не стала, хотя разве было бы не потрясающе иметь возможность точно определить, что у тебя – аутизм, дислексия или СДВГ, – просто просканировав мозг? До недавнего времени я думала, что таким образом не диагностируют только из-за дороговизны процедуры. Однако, если верить лекциям[62] 2019 года профессора нейро и когнитивных наук Массачусетского технологического института Нэнси Канвишер, всё не так просто. Во-первых, оказывается, что разные исследования используют разные настройки для функциональной магнитно-резонансной томографии (фМРТ), так как стандартов настроек не существует. Во-вторых, результаты некоторых исследований были опровергнуты, так как оказалось, что отличия, ими

---

[62] https://ocw.mit.edu/courses/9-13-the-human-brain-spring-2019/video_galleries/lecture-videos/

выявленные, зависели не от непосредственных отличий мозга, а от того, как участники вели себя во время сканирования – аутисты гораздо больше двигались во время процедуры. Более того, до сих пор неясно, почему отдельные участки мозга «загораются» во время фМРТ сканирования. Вернее, учёные знают, что это происходит из-за увеличения притока крови – то есть, усиления метаболической активности в данной области мозга, – но что является основной причиной такого усиления, однозначно не известно. Большинство склоняется к тому, что при сканировании «загораюстя» те области мозга, которые на данный момент выполняют работу, которую они и должны выполнять. Однако, возможен и другой вариант: они могут «загораться» оттого, что слишком усердно работают над задачей, для которой они никогда не были предназначены. И это просто поразительно, что мы основываем такое количество исследований на вот таких неоднозначных фундаментальных предположениях.

Кто виноват и что делать?

Ну, хорошо. Выяснили мы, что такое дислексия. Даже сделали попытки исправить проблемы с чтением с помощью зрительной терапии. Не получилось. А дальше-то что? А дальше мы стали заниматься чтением и письмом сами, причём на обоих языках.

Сначала я наткнулась на книжку[63] Алексея Алексеевича Косенко, в которой он описывает, как обучать грамотности детей, которым этот процесс дается нелегко. Мне даже удалось связаться с автором, и он дал нам несколько дистанционных уроков и поделился большим количеством материалов и упражнений. Причем начали мы с самого начала – с правильного произношения звуков, потом слогов, а затем уже и целых слов. Похожие упражнения были и для письма. Дочка начала с самых простых слов: она их писала, и мы вместе обсуждали, где и почему в них можно сделать ошибку, а также какие правила нужно применять, чтобы их не делать.

---

[63] https://litres.com/book/a-a-kosenko/algoritmy-obucheniya-gramotnosti-kak-zanimatsya-s-rebenkom-kot-42079618/

Одновременно, мы обзавелись учебниками[64] на английском языке, которые были написаны специально для детей, у которых сложности с чтением и правописанием. Эти учебники основаны на методе Ортона-Гиллингема, который представляет собой последовательный и, главное, многосенсорный подход к обучению грамотности. С английским мы тоже начали с самого начала и первым делом вызубрили, какие звуки соответствуют каждой букве английского алфавита. Честно говоря, некоторые я даже не могу правильно произнести, и мне пришлось скачать мобильное приложение, которое произносило их за меня. Я уже говорила, что тогда я, например, узнала, что буква «о» может произноситься четырьмя разными способами.

После того, как мы вызубрили, как произносить все буквы и как записывать услышанный звук, мы приступили к изучению самых простых правил. Например, вы знали, что в английских словах, после буквы "q" обязательно идёт буква "u"? Я – нет, хотя и правильно писала слова с буквой "q". А слов, которые

---

[64] https://www.allaboutlearningpress.com/all-about-spelling/

заканчиваются на "i" всего несколько, и их просто нужно запомнить: "I", "hi", "ski", "spaghetti". Или, например, как выбрать, какую букву написать – «с» или "k", – когда слышится звук "k"? А вот оказывается есть правило.

Потом мы начали учить типы слогов в английском языке (которых, кстати, гораздо больше, чем «открытый» и «закрытый») и правила деления слова на слоги, так как от того, с каким слогом ты имеешь дело, зависит правописание слова. При этом мы учили, лепили, складывали из магнитных букв, писали мелками и на мокром песке всякие слова на изучаемые правила – то есть использовали многосенсорный подход. Плюс, каждый сеанс у нас начинался с повторения. И дела действительно пошли в гору.

Так почему же эти правила не преподавали моей дочери в школе? На этот вопрос я совсем недавно нашла ответ[65]. Вот, что я узнала. 60 лет назад новозеландская исследовательница Мари Клэй, которая занималась проблемами грамотности, разработала образовательную программу для детей с трудностями в освоении чтения.

---

[65] https://features.apmreports.org/sold-a-story/

Вместо изучения фонетики, программа состояла в обучении детей таким стратегиям, как «угадывание» слов по первой букве, по картинкам и по контексту. Мари Клэй была уверена, что именно такими стратегиями пользуются успешные читатели, и в конце концов её программа стала эталоном обучения чтению в Новой Зеландии и за её пределами. И даже несмотря на то, что многие учителя с сомнением относились к подходу, который не основан на изучении фонетики, они не смели подвергать его сомнению, так как считали, что программа основана на серьезных исследованиях.

Ещё одна исследовательница и профессор Колумбийского университета Люси Калкинс, чьё имя неоднократно упоминалось в нашей государственной школе, знаменита тем, что она разработала учебную программу по чтению и письму, основанную тоже не на фонетике, а на использовании контекста и подсказок. Кроме того, она создала институт для проведения тренингов по использованию своей учебной программы для учителей. На эти тренинги отправляли учителей со всей страны, включая и наш школьный округ, который, как потом оказалось, платил за них огромные деньги на протяжении многих лет. Весь мир школьного образования просто боготворил Люси Калкинс.

Однако последующие исследования того, как человек обучается чтению, с точки зрения нейро и когнитивных наук показали, что успешные читатели не используют стратегии «угадывания» слов и не «читают» их целиком, а произносят их по частям – то есть, опираются на фонетику. И несмотря на то, что подходы Мари Клэй и Люси Калкинс помогают с грамотностью на первых порах, в конечном счёте они не делают из детей успешных читателей и писателей. К сожалению, опровержение эффективности[66] этих подходов не привело к принятию и применению альтернативных, и они продолжают использоваться в школах по сей день.

Для работы со сложностями в чтении и письме мы с дочкой не только использовали образовательные программы, направленные на дислексиков. Мы начали использовать аудиокнижки, а также учить дочку печатать

---
[66] https://education.nsw.gov.au/content/dam/main-education/about-us/educational-data/cese/2015-reading-recovery-evaluation.pdf

и наговаривать тексты. Аудиокнижки мы и раньше слушали, но только для удовольствия. Потом же дочка начала слушать аудио записи лекций и домашних заданий для своих классов. Казалось бы, что раз использование аудиокнижек так сильно облегчает дело, она должна была бы с радостью на них переключиться, однако на то, чтобы она стала комфортно себя чувствовать в режиме аудио записей текстов ушло несколько лет. Было ли это просто делом привычки, попыткой отрицания того, что помощь ей действительно необходима, или нежеланием выделяться среди сверстников, что является очень распространенной проблемой у подростков с особенностями, я не знаю. Знаю только, что когда дочка осенью записалась на колледжский курс по истории древнего мира (по собственному желанию), где количество задаваемого чтения намного превышало ее возможности быстро и долго читать, она поняла, что просто вынуждена слушать записи, если хочет заканчивать задания вовремя.

С печатанием и наговариванием текстов ситуация была похожая. Долгое время она отказывалась и от одной, и от другой опции и пыталась писать сочинения рукой. Но потом поняла, что редактировать написанные от руки сочинения гораздо сложнее, чем на компьютере и постепенно перешла на наговаривание текстов. Однако, сейчас она в основном печатает.

Должна сказать, что сложности с письмом у дочери заключались не только в правописании и орфографии – ей в целом трудо было последовательно формулировать свои мысли. Мы перепробовали кучу классов, где учат писать сочинения, но ни один не дал каких-либо конкретных результатов. Мы пробовали использовать учебники, пытались просто писать сочинения на интересные ей темы – всё без толку. Пока мы, наконец, не наткнулись на семинары[67], которые проводят коучи по письму, хорошо понимающие сильные и слабые стороны дислексиков. Они не требуют начинать писать сочинения с плана – они рекомендуют начинать с иллюстраций и диаграмм, то есть с чего-то гораздо более визуального. Кроме того, они используют визуальную метафору для описания частей, из которых состоит сочинение.

---

[67] https://www.beyondtheboxlearning.com/

Фото предоставлено Ройдом Хаттой и Шу-Сянь Хо

Большим плюсом было ещё и то, что на эти семинары ходили многие друзья дочери, и этот факт послужил для нее дополнительной мотивацией. После нескольких месяцев страданий, у неё случился прорыв. Оказалось, что у неё есть свой литературный стиль вдобавок к удивительному воображению. И даже несмотря на то, что ей больше нравится работать в формате художественной литературы – сейчас они с другом вместе сочиняют и иллюстрируют графический роман – ей, как мне кажется, удается передавать свой стиль и через научный нон-фикшн[68].

Вообще, многие дислексики предпочитают воспринимать окружающий мир через истории. Именно поэтому, например, дочка смогла запомнить английский алфавит – потому что про него имеется песенка. В принципе, подача материала в виде историй очень хорошо работает для таких детей, поэтому дочке нравились учебники по математике в виде комиксов[69] и рассказов про вундеркинда Фреда[70].

Многие дислексики также являются кинестетиками, у которых процесс обучения происходит через руки:

---

[68] https://www.beyondtheboxlearning.com/mysteries-of-the-platypus/
[69] https://beastacademy.com/books
[70] https://www.lifeoffred.com/

чтобы что-то понять и выучить, нужно обязательно это потрогать, проделать или смастерить. Поэтому науку дочка всегда изучала только через опыты и эксперименты, а историю – через разыгрывание сценок, связанных с изучаемыми событиями или временем. Ну, а театральная студия, в которой дочка занимается уже третий год, использует сразу несколько подходов, которые отлично для неё работают, включая истории и воображение для понимания и представления того, что происходит в пьесе, а также кинестетику и искусство для придумывания и создания декораций, костюмов и реквизита.

Про ярлыки, СДВГ и многое другое

Вопрос, который часто тревожит родителей одарённых, особенных и дважды-исключительных детей, — это обсуждать ли, как и в каком возрасте диагнозы и особенности с детьми. Хотя некоторые родители не доходят даже до этого вопроса, так как категорически не хотят тестировать своих детей — не хотят навешивать на них ярлыки то ли из-за боязни, что они негативно отразятся на их жизни в связи с ассоциируемой с ними стигмой, то ли просто из-за менталитета, не привыкшего к обсуждению нейроотличий, то ли из-за каких-либо других соображений. Конечно, каждый вправе решать, как им поступать. Однако, я неоднократно слышала от самих детей, а также недавно диагностированных взрослых, какое облегчение принес им поставленный диагноз: они перестали винить себя за свои грехи и, найдя объяснение проблемам и сложностям, наконец, вздохнули с облегчением. Одновременно я знаю семьи, в которых дети не в состоянии обсуждать свои диагнозы, потому что они являются для них напоминанием того, что с ними что-то не так и что они не такие, как все. В нашей семье мы открыто говорим про все диагнозы, особенности и одарённость: я считаю, что чем больше про них говорить, тем больше шансов избавиться от стигмы и нормализовать нейроотличия. Главное, не становиться рабом своих ярлыков: нужно, чтобы они служили тебе, нежели наоборот. Плюс, я считаю необходимым объяснять, что у каждого человека есть свои более сильные и более слабые стороны, и что это абсолютно нормально: это как раз то, что делает наше общество сильнее, интереснее и устойчивее.

Конечно, когда дети были младше, мы – родители – принимали решение их диагностировать, однако теперь они сами хотят лучше разобраться в себе. Так как сыну официально осталось всего два года до окончания школы, он остро чувствует необходимость понять для себя, кто он такой, какие у него сильные и слабые стороны, чем он может их компенсировать, какой подход к обучению работает для него лучше других и какие условия и приспособления ему необходимы для успешной сдачи экзаменов и поступления в университет. В этом году он сам захотел протестироваться на СДВГ, потому что подозревал, что именно из-за него ему бывает очень трудно приступить к не слишком интересной для него работе. Теперь же, когда опасения сына оправдались, он может без всякой задней мысли пользоваться рекомендациями, направленными на людей с СДВГ и официально требовать наличия определённых условий при сдачи стандартизированных тестов, таких как дополнительное время и тестирование в небольшой группе (чтобы не отвлекаться) с предоставлением перерывов по мере необходимости. Кстати, дополнительное время сыну требуется не столько из-за СДВГ, сколько из-за низкой скорости обработки информации (хотя эта скорость связана с низким уровнем рабочей памяти, что тоже характерно для СДВГ): последнее тестирование с психологом показало, что при неограниченном времени сын выполняет задания на 100%, а при ограниченном – на 75%.

Наверное, самое время сказать пару слов про СДВГ[71] – синдром дефицита внимания и гиперактивности, который, не смотря на то, что там считает Нью-Йорк Таймс[72], увы, существует и сильно влияет на жизнь нейроотличных людей, окружённых нейротипичным обществом.

В своей книге «Сила Нейроразнообразия»[73] Томас Армстронг описывает СДВГ как состояние с хронически низким уровнем дофамина – нейромедиатора, связанного с двигательной активностью, мотивацией и мыслями о вознаграждении. По его словам, это вызывает у людей с СДВГ хроническую жажду стимуляции и объясняет то, как СДВГ проявляется в поведении людей.

Интересно, что само название синдрома способно ввести в заблуждение: может сложиться впечатление, что он связан с недостатком внимания. Однако, всё гораздо сложнее и интереснее: концентрироваться на любимых

---

[71] Подробнее про СДВГ можно послушать в мини-сериале из четырёх коротких подкастов, который я записала со своими однокурсниками по аспирантуре: https://open.spotify.com/show/3IAVdrdC8C39OHBUDxZcbv.
[72] https://www.nytimes.com/2025/04/13/magazine/adhd-medication-treatment-research.html
[73] https://www.amazon.com/Power-Neurodiversity-Unleashing-Advantages-Differently/dp/0738215244?tag=katrinaoneil-20

занятиях – гиперфокусироваться – люди с СДВГ могут гораздо лучше нейротипичных. В каком-то смысле, проблема обратная: у людей с СДВГ внимания слишком много – они обращают внимание на очень много вещей, – но у них сложности с его распределением. Дело в том, что (тут я, конечно, слегка упрощаю) головной мозг человека работает в двух режимах: либо в режиме по умолчанию, либо в режиме целевой активности. Режим целевой активности включается тогда, когда мозгу нужно намеренно выполнить определённую задачу. При этом режим по умолчанию отключается до тех пор, пока задача не выполнена. Когда работа по выполнению задачи окончена, мозг переходит из режима целевой активности в режим по умолчанию, который позволяет ему не концентрироваться ни на чём конкретном и, так сказать, витать в облаках. Именно в этом режиме к человеку приходят озарения и творческие идеи. У нейротипичных людей переключение из одного режима в другой происходит спокойно и безболезненно. А вот, что говорит про людей с СДВГ Нед Хэллоуэлл – один из ведущих экспертов в этой сфере – в своей книге «СДВГ 2.0»[74]: «Если и есть какой-то вывод при анализе сложности режима по умолчанию и режима целевой активности, то он сводится к тому, что у людей с СДВГ переключатель между ними не работает».

Еще одна вещь, вызывающая много споров, — это лекарства от СДВГ. Моё личное мнение по поводу этих лекарств поменялось на 180 градусов за последние несколько лет. Возможно, что их и правда выписывали даже тем, кому они были не нужны, пытаясь просто засадить за парту не готовых, в плане своего развития, к обучению в школе детей. Однако, я неоднократно слышала и позитивные отклики от тех, кому лекарства действительно помогают выживать в нашем нейротипичном обществе, не рассчитанном на людей с СДВГ.

Чаще всего выписывают психостимуляторы, и многие удивляются, как они могут помочь тем, кто и так не в состоянии усидеть на месте и чей мозг перескакивают

---

[74] https://www.amazon.com/ADHD-2-0-Essential-Strategies-Distraction/dp/0399178740?tag=katrinaoneil-20

с одной мысли на другую в мгновение ока – зачем тут еще дополнительная стимуляция? Но они как раз стимулируют переключение в режим целевой активности для того, чтобы человек мог выполнять стоящую перед ним работу. Поэтому психостимуляторы можно принимать по требованию: допустим, когда тест или много работы, можно принимать, а на выходных совсем не обязательно. Ну, и, конечно, с ними нужно быть очень осторожными и не злоупотреблять: принимать только тем, у кого действительно СДВГ, а не просто когда хочется заставить организм работать не покладая рук продолжительное время.

Конечно, таблетки являются не единственном способом помочь человеку с СДВГ. Есть и другие способы, основанные на поднятии уровня дофамина, – именно поэтому люди с СДВГ так сильно зависают на видеоиграх. Однако, проблема в том, что с видеоиграми дофамин как поднимается, так и резко опускается, приводя к бесконечной потребности его пополнять через продолжение игры.

С другой стороны, физическая активность является отличным и гораздо более здоровым способом поднять дофамин. А если очень не хочется что-то делать – допустим, убирать квартиру, – то помогает при этом делать что-то приятное и стимулирующее: например, слушать музыку или подкаст. Кстати, именно поэтому людям с СДВГ музыка часто способствует выполнению умственной работы: кроме того, что повышается уровень дофамина, музыка помогает занять мозг в режиме по умолчанию, чтобы легче переключаться на режим целевой активности. Аналогично, многим музыка помогает засыпать, замещая собой отвлекающие ото сна мысли.

А завершу я на сегодня вот таким, можно сказать, риторическим вопросом: как в одном человеке может совмещаться аутизм, который характеризуется потребностью в рутине и ритуалах, с СДВГ, который требует бесконечной новизны и смены деятельности для поднятия дофамина? Получается, что может – так и живём.

Самопознание и не только

Чем больше я узнаю про одаренность, особенности и двойную исключительность, тем лучше я начинаю понимать не только своих детей, но и саму себя. Нет, я не собираюсь проходить диагностику и определять наличие одаренности – меня это совершенно не волнует, хотя знаю людей моего возраста и старше, получивших диагнозы аутизма и СДВГ (тоже, кстати, после того, как они продиагностировали своих детей), и это им сильно помогло. Лично мне диагноз, как мне кажется, в данный момент никак не поможет, а вот понимание и объяснение некоторых вещей оказывают на меня благотворное влияние: мне просто стало легче их принимать и давать себе разрешение отказываться от тех, которые идут вразрез с моим характером, возможностями и желаниями.

Что конкретно я имею в виду? Ну, например: я никогда не любила духи. Вроде, знала, что душиться надо – ведь так принято, но не переносила этого. У меня начинала болеть голова, и даже если не начинала, большинство запахов казались мне чересчур сильными.

Теперь я знаю, что ничего ужасного в моей реакции к духам нет – просто моя сенсорная система слишком чувствительна к запахам. Вот и всё – можно спокойно не душиться.

Совсем недавно я вдруг поняла, что подсознательно избегаю носить определённую одежду. Я даже не задумывалась над тем, что я ее избегаю: просто когда есть выбор между одной майкой и другой, я всегда выбираю только одну из них. Каждый раз когда я надеваю другую, у меня чешется спина, и мне становится неприятно, но до моего внезапного озарения мне и в голову не приходило, что, может, это просто реакция сенсорной системы и зачем же, вообще, измываться над ней – что у меня, маек мало, что ли?

Не люблю ощущение мокрого на коже, поэтому полотенце – мой друг, а поцелуй – недруг.

Я поняла, что мне сложно разговаривать в большом кругу людей – я просто теряю нить разговора и не понимаю, как надо отвечать, – хотя в разговоре с одним-двумя чувствую себя гораздо увереннее. А ещё более уверенно я чувствую себя на письме: лучше могу выразить свои мысли, когда у меня достаточно времени, чтобы облечь их в правильные слова. Но это абсолютно ничего не говорит о моих интеллектуальных способностях – просто для меня лучше работают другие способы выражения мыслей. Я, в целом, с трудом думаю на ходу – не могу сосредоточиться на том, что говорить без подготовки. Поэтому ненавижу заседания и интервью: с трудом отвечаю во время, а после удивляюсь, почему не ответила по-другому. Интересно, что несмотря на то, что я всегда смотрела на эту свою черту, как на слабую сторону, оказалось, что мой босс считает это моей сильной стороной: вместо поспешных я принимаю обдуманные решения. Вы спросите, как же я тогда выступаю на конференциях? Готовлюсь и репетирую.

Вообще, я заметила, что во время разговора особенно с незнакомым человеком, у меня мозг занят не только разговором, но и подсознательными размышлениями о том, достаточно ли я киваю, туда ли смотрю и не слишком ли долго, выказываю ли интерес к беседе, и эти рассуждения мне мешают и напрягают.

Я, наконец, осознала, что какие-то дела у меня занимают очень много ментальной энергии: например, походы по магазинам. А придумывать, что надеть или приготовить из еды, – это вообще пытка. Да, я лучше пойду напишу несколько статей или посчитаю статистику традиционной и кибер травли среди дважды-исключительных детей. Поэтому я разрешила себе не заморачиваться по поводу еды: минимизировать походы в магазин, спокойно принимать помощь от родственников, заказывать на дом, часто подавать одну и ту же еду – не разнообразно, но и не жалуется никто.

Я люблю спонтанные решения, но только если они новые. А вот изменять что-либо в планах, к которым я уже морально приготовилась, для меня болезненно. Ещё люблю, чтобы предметы были «на своих местах» – спросите мужа. У меня раньше прямо появлялись какие-то физические негативные ощущения, когда я заставала предмет не там, где он должен в моем понимании быть. Но я работаю над этим, и должна сказать, что дела идут к лучшему.

А ещё недавно читала статью про мультипотенциалов и подумала, что, может, я тоже к ним отношусь? Не то, чтобы я прям самая умная и лучшая во всем, но мне многое интересно, и у меня многое получается (конечно, всё относительно). На олимпиады в школе меня отправляли по всем предметам. Музыкальную школу по классу фортепиано я окончила, места на конкурсах занимала, и меня даже уговаривали идти в музыкальное училище. Потом освоила гитару, сочиняла музыку и стихи, играла в любительских рок-группах. Потом вдруг стала программистом, и мне нравился логический аспект процесса решения задач с помощью написания кода.

Теперь вот углубилась в проблемы когнитивного разнообразия, качественных и количественных исследований, конференций и статей. И хотя крестиком я, может, и не так хорошо вышиваю, зато вяжу и крючком, и спицами без проблем. Интересно, что я постоянно балансирую между двух крайностей: иногда мне кажется, что я могу всё, а иногда, что вообще ничего. Раньше, правда, это меня беспокоило, а теперь не так чтобы.

А ещё, в моей характеристике от учителя первого класса было написано, что я не лидер. Я помню, насколько эта фраза меня тогда поразила. Ну, настолько, что я до сих пор её помню! Как же так, думала я? Почему? Что это значит? И до совсем недавнего времени я не считала себя лидером – ведь так было написано в моей характеристике. Я, как и многие, считала, что лидер – это харизматичный мужик с хорошо подвешенным языком и непоколебимыми убеждениями, который может вдохновить толпу на подвиги. Наверное, всё это время я подсознательно пытаюсь доказать в первую очередь себе самой, что лидеры могут быть и другими.

Моё знакомство с миром когнитивного разнообразия помогло не только в самопознании, но и в понимании других членов семьи, а также в избежании конфликтов. По моему опыту, конфликты часто возникают, когда ожидания не совпадают с реальностью. Получается, что для избежания конфликтов, нужно либо менять реальность, либо ожидания. Когда реальность тесно связана с особенностями человека, то поменять её бывает...кхм...нереально. Значит, выход один – менять свои ожидания: зачем надеяться, что все придут за стол обедать, как только ты их позвал, если за последнее н-ное количество раз этого ни разу не произошло – просто не надо ожидать, что это вдруг произойдет в н+1-ый раз. Советовать, конечно, легче, чем делать, но всё-таки.

Я стала терпимее и менее требовательна. Я проще подхожу к тому, что раньше меня раздражало и напрягало, потому что, как мне кажется, стала лучше понимать другую сторону и тот факт, что она не делает это нарочно. А те черты членов семьи, которые похожи на мои собственные, я теперь лучше умею распознавать. Очень остро чувствую, когда старший ребенок мается, если не может найти себе занятие по душе, так как сама знаю, как это неприятно. И также знаю, насколько вдохновляющим и наполняющим может стать дело, которое ты так долго искал и нашёл.

А вот другие черты мне могут быть совершенно непонятны: почему на какие-то тривиальные – как по мне – дела, типа заполнения анкеты, может уходить столько времени? Но я научилась не делать поспешных осуждающих выводов, а принимать тот факт, что даже когда мне что-то непонятно, оно имеет место быть: все люди разные, и это нормально.

И напоследок

Ну, что? Про одаренность, особенности и двойную исключительность можно ещё много чего написать. Но про сына, вроде, рассказала. Про дочь тоже. Даже упомянула про себя и других членов семьи – пора уже и честь знать. Осталось только сделать пару-тройку выводов и подвести несколько итогов. Для приличия.

«Несчастье», которое случилось в нашей семье, в конце концов, привело как раз к обратному, чему я бесконечно благодарна своим детям. Именно они оказались моими лучшими учителями. Именно они заставили меня взглянуть на себя и на мир по-иному. Разбираясь с их потрясающими способностями с одной стороны, а также школьными, поведенческими, социально-эмоциональными и другими трудностями с другой, мне посчастливилось переосмыслить своё понимание множества понятий, таких как обучение и образование, самореализация и успех, процесс и результат.

Как стало понятно, обучение – это не то же самое, что образование: получение образования – это некая конечная цель, в то время как обучение происходит всегда и везде, и наша цель, как родителей, – поддерживать и не давать увядать естественной тяге детей именно к процессу обучения.

Точно также, успех – это не синоним счастья и самореализации. Успех, как и образование, – это результат, а самореализация и обучение – это процессы. В нашем обществе нам бы надо делать больший упор на процесс. И если больше сосредотачиваться именно на нём, то и неудачи будут восприниматься его органической частью. Вместо этого мы придаем такое высокое значение результату – оценкам, поступлению в престижный вуз, деньгам и пользе – мы так спешим всего этого достичь, что у нас не хватает времени просто быть. Даже в одном из определений креативности – предмета обсуждений одного из курсов моей аспирантуры – присутствуют как оригинальность, так и польза. Почему? Разве креативность не может быть «бесполезной»?

Я выяснила, что хотя, с одной стороны, развивать и поддерживать интересы и сильные стороны наших детей — это единственный правильный подход к их воспитанию, с другой, их интересы не всегда совпадают с их сильными сторонами. И нам бывает так сложно отказаться от своих ожиданий того, что если человек в чём-то очень силён, то его способности обязательно нужно куда-то направлять и как-то использовать. Но помните «Умницу Уилла Хантинга»? Оказывается, есть вещи и поважнее. А нам нужно учиться отпускать.

Мои дети показали мне, что один и тот же феномен под разными углами выглядит по-разному. Например, на одержимость аутистов можно смотреть, как на навязчивую идею, а можно — как на настойчивость и сосредоточенность. Вместо придирчивости можно видеть внимание к деталям, вместо прямоты — честность, а вместо несоответствия социальным нормам — способность быть собой. Неорганизованность может означать креативность, отвлекаемость — любопытство, гиперактивность — энергию, а навязчивость — энтузиазм.

Они доказали мне, что дети действительно, по словам психолога Росса Грина, «стремятся преуспевать, если они в состоянии,« поэтому когда они не преуспевают, это говорит только о том, что в этом им что-то мешает. Кроме того, ещё не умея использовать другие способы донесения до нас своих чувств, переживаний и дискомфорта, маленькие, а иногда и не очень дети выражают их своим поведением. Поэтому задача родителей заключается в том, чтобы разобраться, что стоит за этим поведением, а не пытаться пресекать его в зародыше.

Дети (да, и взрослые тоже) учатся через игру, но понятие игры для каждого разное. Кто-то играет в ЛЕГО и учится конструировать. Кто-то играет в «Подземелья & Драконы» и развивает навыки стратегов, переговорщиков, фантазёров, актёров и даже математиков. Кто-то играет с колбочками, а кто-то с операторами if/else.

Дети имеют право выбора и, в пределах разумного, должны иметь возможность сами решать, как им одеваться, с кем и во что играть, что и как изучать. А задача родителей предлагать, направлять, советовать и поддерживать.

Мне стало понятно, что наше общество и система образования совершенно не в курсе, что делать с дважды-исключительными детьми и взрослыми, хотя, казалось бы: не мы первые – не мы последние. Несмотря на то, что сам термин был использован впервые меньше полувека назад, нейроотличные люди существовали всегда: просто либо условия, в которых они проживали, отличались от теперешнего мира настолько, что их особенности оставались в тени, либо они были в состоянии приспособиться к жизни, бесконечно маскируясь, либо их постигала чудовищная судьба, информация про которую не обсуждалась до недавнего времени.

Но несмотря на все трудности, которые нам ещё предстоит преодолеть – уверена, их будет немало, – на данном этапе я просто впитываю в себя события, разворачивающиеся передо мной своим чередом, и с интересом предвкушаю проявления деталей на фото следующего сюжета.

Благодарности

Спасибо вам, дорогие читатели, за то, что решили приобрести и прочитать эту книгу! Если вы знаете кого-то, кому она может быть интересной или даже полезной, не стесняйтесь распространять про неё информацию!

Но для начала я просто обязана отметить, что для того, чтобы вы смогли получить возможность держать её в руках, моих личных усилий было совершенно недостаточно. Поэтому хочу поблагодарить всех тех, кто так или иначе был причастен к результату этого проекта.

Во-первых, огромное спасибо Анне Соловьёвой и Александре Коршуновой, сооснователей Route Makers Publishing[75], которые взялись за это дело и довели его до конца, а также Анне Бахваловой[76] за то, что она про них мне рассказала.

Спасибо Любови Бросалиной, которая как главный редактор своего издательства ввела меня в курс того,

---

[75] https://routemakers.org
[76] https://www.personalbrandactive.com/

какие вообще существуют услуги, связанные с изданием книг, и что происходит в русскоязычном издательском мире на сегодняшний день.

Спасибо Анастасии Пикиной за рассказ про свой опыт издания книг и Зое Ефимовой, которая нас познакомила.

Отдельная благодарность Виктории Бродской за веру в то, что текст этой книги должен попасть в руки к как можно большему количеству родителей.

Конечно же, невероятная признательность моим собственным родителям и мужу, которые поддерживают меня во всём, даже когда они со мной не согласны.

Ну, а самая грандиозная благодарность достаётся главным вдохновителям этой книги – моим детям. Именно они, как ни банально это звучит, перевернули мой мир с ног на голову, заставили взглянуть на многие вещи совершенно по-иному и кардинально поменяли моё понимание того, как «должно быть».

Об авторе

Екатерина О'Нил – мама двоих дважды-исключительных (2и) детей, которых она обучает на дому. Чтобы лучше понимать и принимать своих неординарных отпрысков, два года назад Екатерина решила радикально поменять род занятий и вместо уязвимостей и компьютерной безопасности теперь занимается проблемами когнитивного разнообразия в образовании.

Её статьи, выступления на конференциях, исследования и информация о проводимых группах поддержки, консультациях и коучинге доступна на сайте https://www.katrinaoneil.com. Екатерина имеет степени бакалавра и магистра в области компьютерных наук и инженерии Калифорнийского университета в Сан-Диего и сертификат в области 2и образования аспирантуры «Бриджес».

Рецензии

«Горе от ума» – это уникальный текст для любого, кто хочет разобраться в проблемах когнитивного и нейроразнообразия, нейроотличиях и двойной исключительности (2и). Особенно полезен он будет для родителей и учителей, которые только-только начинают сталкиваться с этими понятиями! У Екатерины лихо получается совместить голос матери, переосмысливающей опыт воспитания двоих 2и детей, с научными разъяснениями и трактовкой специалиста в области когнитивного разнообразия. Написано интересно, доступно и очень вовремя. Не мемуар, не справочник, а, скорее, и то, и другое одновременно.

Вера Радунская, дефектолог и кандидат наук в области когнитивного разнообразия в образовании

Книга Екатерины – это не просто история, рассказанная неравнодушным родителем, который честно делится своими трудностями и открытиями на пути жизни с дважды исключительными детьми. Это глубокий профессиональный анализ понятия двойной исключительности, основанный на личном опыте. Уникальное сочетание открытости автора и ее способности изучать тему особенных и одаренных детей под разными углами поможет родителям увидеть их собственный опыт в новом свете. В книге также поднимаются важные проблемы взаимодействия социальных институтов с родителями детей, которые отличаются от общепринятой нормы. Лично мне книга дает надежду на развитие диалога и взаимопонимания между всеми участниками процесса воспитания и образования дважды исключительных детей.

Виктория Бродская, психолог, специализирующийся на работе с 2и людьми, автор книги «Рожденные Трикстерами. Как понять дважды исключительных детей», мама двух 2и взрослых

www.ingramcontent.com/pod-product-compliance
Lightning Source LLC
Chambersburg PA
CBHW052019070526
44584CB00016B/1817